出会いについて

精神科医のノートから

小林 司

NHKブックス
449

目次

序　映画『出逢い』について

映画『出逢い』の意味するもの

ロバート・レッドフォードとジェーン・フォンダが共演するユニヴァーサルの『出逢い』という映画は、『ザ・エレクトリック・ホースマン』という原題であったが、いかにもアッピールしやすい邦訳をつけたものである。

原題の由来は、電気仕かけで動く馬のような顔をした男のロボットという意味ではなくて、ロデオ（馬の曲乗り）の世界チャンピオンを五回までもとったサニーという男に、豆電球をちりばめた派手なカウボーイの服を着せて乗馬した姿で人目を奪い、これをアムコ産業が自分の会社でつくっているコーン・フレークスの宣伝に使おうとしたところからきている。

サニーは、企業の思うままに操られている宣伝用の人形に等しいこの仕事にいや気がさしてやめたいと思っているが、契約で縛られているので逃げるわけにはいかない。そこで、しだいに酒びたりの毎日となり、身をもち崩していくのであった。

そんなある日、ラスベガスでアムコ産業が大がかりなショーを開く機会に、そこに出場しろという命令がサニーにも出た。アムコ産業が千二百万ドルかけて買い入れたサラブレッドの名馬ライジング・スターにまたがって、パーティの会場のステージの上からサニーが愛想をふりまく、という筋書である。

それに先立ってサニーとの記者会見が開かれたが、サニーは、酒場で酔いつぶれてしまったので

映画『出逢い』より（財団法人　川喜多記念文化財団提供）

四十五分も遅刻してしまった。

ニューヨークから取材にきている女性レポーター、ハリー・マーチンからの鋭い質問を浴びて、サニーは立往生をしてしまう。リハーサルに連れていかれてライジング・スターに初めて会ったとき、この、競走馬として輝かしい記録をもっている名馬が、この夜の余興のために麻薬や鎮静剤を注射されて薬漬けにされていることをサニーは見抜いた。馬を愛する彼はこのことに腹をたて、ライジング・スターにまたがったまま、ステージをとびおり、会場を駆け抜けて一瞬のうちにどこかへ走り去ってしまうのである。

サニー・スチールが一千二百万ドルの名馬を奪って失踪した、というニュースでラスベガスは大騒ぎになる。

この事件をスクープしようとして、ハリー・マーチンはサニーのあとを追跡し、ついに砂漠のまん中でキャンプしているサニーを見つける。

ハリーに勧められて、サニーは、動物虐待の真相をぶちまける決心をする。そして、サニーは、ライジング・スターを山の奥で放してやって野性の動物に戻したいという気持ちをハリーに打ちあける。

警察に追われるサニーにハリーが付き添って砂漠を通り抜け、サニーは、山あいの美しい谷へハリーと馬を連れていって、そこでライジング・スターを放してやる。

『出逢い』という映画の筋のあらましは以上のようで、ここには二つの「出会い」が出てくる。一つは馬とサニー・スチールの出会いであり、第二は、記者会見でとげとげしい質問をぶつけた女性レポーター、ハリー・マーチンとサニー・スチールとの出会いである。

この二つの出会いによって、馬の運命も、それからサニー・スチールの運命も、またハリー・マーチンの運命も、大きく変わることになる。「出会い」は鉄道のポイントのようなもので、出会いによって、人生の進行方向がすっかり変わってしまうことが少なくない。こんな不思議な力を秘めている「出会い」とは、いったい何であろうか。

I　人間を変えた「出会い」

私たちの日常生活で、「出会った」という言葉はいとも気軽に使われている。

「火事に出会った」

「昔の友達とばったり出会った」

「出会いがしらに危うくぶつかりそうになった」

「約束の時間に同僚とうまく出会えた」

「感動的な本に出会うことができた」

「アメリカとの出会いで彼の思想が変わった」

「人生は出会いだ」

同じ「出会う」という動詞でも、ここで使われている意味あいはどうやらすこしずつ違うようである。「出会い」という名詞にも幾つかの意味があるらしい。そこで、「エレクトリック・ホースマン」のほかに、もうすこし実例をあげて出会いという言葉の意味を考えてみよう。

1　人間との出会いが転機になった人びと

松阪の一夜　私が習った戦前の小学校の国語の教科書『小学国語読本巻十一』の第十三課には、「松阪の一夜」という文章が載っていた。

三重県松阪市殿町にある本居宣長記念館へ行ってみると、この教科書が、いまでもガラスのケースの中に展示されている。読者の多くもたぶん記憶しておられるこの文章を次に引用しておこう。

「本居宣長は、伊勢の國松阪の人である。若い頃から讀書が好きで、將來學問を以て身を立てたいと、一心に勉強してゐた。

或夏の半ば、宣長がかねて買ひつけの古本屋に行くと、主人は愛想よく迎へて、

『どうも殘念なことでした。あなたがよく會ひたいとお話しになる江戸の賀茂眞淵先生が、先程お見えになりました。』

といふ。思ひがけもない言葉に宣長は驚いて、

『先生がどうしてこちらへ。』

『何でも、山城・大和方面の御旅行がすんで、これから參宮をなさるのださうです。あの新上屋にお泊りになつて、さつきお出かけの途中『何か珍しい本はないか。』と、お立寄り下さいました。』

『それは惜しいことをした。どうかしてお目にかゝりたいものだが。』

『後を追つてお出になつたら、大てい追附けませう。』

宣長は、大急ぎで眞淵の樣子を聞取つて後を追つたが、松阪の町のはづれまで行つても、それらしい人は見えない。次の宿の先まで行つてみたが、やはり追附けなかつた。宣長は力を落して、すご〳〵ともどつて來た。さうして新上屋の主人に、萬一お歸りに又泊られることがあ

つたら、すぐ知らせてもらひたいと頼んでおいた。

望がかなつて、宣長が眞淵を新上屋の一室に訪ふことが出來たのは、それから數日の後であつた。二人は、ほの暗い行燈(あんどん)のもとで對坐した。眞淵はもう七十歳に近く、いろ〳〵りつぱな著書もあつて、天下に聞えた老大家。宣長はまだ三十歳餘り、溫和な人となりのうちに、どことなく才氣のひらめいてゐる少壯の學者。年こそ違へ、二人は同じ學問の道をたどつてゐるのである。だんだん話をしてゐる中に、眞淵は宣長の學識の尋常でないことを知つて、非常に頼もしく思つた。話が古事記のことに及ぶと、宣長は、

『私は、かね〳〵古事記を研究したいと思つてをります。それについて、何か御注意下さることはございますまいか。』

『それは、よいところにお氣附きでした。私も、實は早くから古事記を研究したい考はあつたのですが、それは萬葉集(まんえうしふ)を調べておくことが大切だと思つて、其の方の研究に取りかゝつたのです。ところが、何時の間にか年を取つてしまつて、古事記に手をのばすことが出來なくなりました。あなたはまだお若いから、しつかり努力なさつたら、きつと此の研究を大成することが出來ませう。たゞ注意しなければならないのは、順序正しく進むといふことです。これは、學問の研究には特に必要ですから、先づ土臺を作つて、それから一歩々々高く登り、最後の目的に達するやうになさい。』

夏の夜はふけやすい。家々の戸は、もう皆とざされてゐる。老學者の言に深く感動した宣長は、未來の希望に胸ををどらせながら、ひつそりした町筋を我が家へ向かつた。

其の後、宣長は絶えず文通して眞淵の教を受け、師弟の關係は日一日と親密の度を加へた

が、面會の機會は松阪の一夜以後とう〳〵來なかつた。

宣長は眞淵の志を受けつぎ、三十五年の間努力に努力を續けて、遂に古事記の研究を大成した。有名な古事記傳といふ大著述は此の研究の結果で、我が國文學の上に不滅の光を放つてゐる。」

この本居宣長と賀茂真淵の出会いは、一七六三年（宝暦十三）五月二十五日の出来事であり、これを、佐佐木信綱が書いた「松阪の追懐」という文章に基づいて小学生向けにわかりやすくリライトしたものである。この教科書の文中には書かれていないけれども、本居宣長は、京都で修業をしたのちに松阪に戻って小児科医を開業していた。したがって、国文学についてはいわば素人である。

本居宣長（本居宣長記念館所蔵）

このとき、賀茂真淵は六十七歳、宣長は三十四歳であり、賀茂真淵のほうは、『冠辞考』（一七五七）、『万葉考』（一七六〇）などもすでに完成していて、将軍有徳院吉宗公の第二子、田安中納言宗武に対する国学の先生を勤め、その名前が天下に響いている大家であった。

二十二歳で京都に医学を学びに出てから、医学だけではなくて、契沖の著書などを読んで、国学に興味をもっていた宣長は、長い間ぜひ、賀茂真淵に一度会ってみたいと思っていたのであるが、ちょうど賀茂真淵が旅行をしてきたので、幸運にも旅館で会うことができたのであった。

宣長の日記（宝暦十三年五月）には、「二十五日、曇天、嶺松院会也。岡部衛士当所新上屋一宿。始対面」とある。岡部衛士というのは賀茂真淵のことだ。

賀茂真淵の影響

宣長が書いた『玉勝間』二の巻にある「あがたゐのうしの御さとし言」には、賀茂真淵に次のような教訓をていねいに教えられたと書いてある。つまり、低いところを経ないですぐ高いところに登ろうとする傾向があるから、低いところさえ得ることができない。まして、高いところに登ることなどできないから、間違いばかりひき起こすことになる。これを忘れないで、まず低いところからよく固めて、それから高いところへ登るようにするとよいと。

この教訓は、小林秀雄も指摘する通り、荻生徂徠（おぎゅうそらい）の学問的方法の定石だったのである。

こうして、賀茂真淵の専門である『万葉集』について、本居宣長は、その後、文通によって教えを乞い、『万葉集』に関する知識を手がかりとして、『古事記』の解読をついになし遂げたのであった。

同じく『玉勝間』二の巻の「おのれあがたゐの大人の教をうけしやう」によると、宣長が賀茂真淵に出会ったのは松阪の一夜だけであって、あとは、入門して、文通によって教えを受けたにすぎない。つまり、松阪における真淵との出会いが、どんなに大きな影響を与えて、宣長を『古事記伝』の完成に向かわせたのかということがわかるのである。

こうして、宣長は、寛政十年（一七九八、本居宣長六十九歳）六月、三十五年の歳月を費やして『古事記伝』（四十四巻、版木七九八枚）をついに完成したのであった。

いま、本居宣長記念館には、宣長の著書一五〇種三九五冊三表の著作が収蔵されている。そのなかの一つである『経籍目録』によると、十六歳の頃から読んだ書名約四千種が記されており、宣長がひじょうな勉強家だったことを物語ってはいるが、賀茂真淵との出会いがなかったならば彼の生涯や業績はおそらくまったく別の形になったことはまちがいあるまい。

叩けよ、さらば開かれん

シュトラスブルグ大学で法律を学んでいたゲーテ（一七四九〜一八三二）にも似たようなエピソードがある。三十一歳のとき、シュトラスブルグの町へ文学者ヘルダーが来た。ゲーテは彼の作品を読んでいたのでホテルにヘルダーを訪ね、文学の話を聞いて、自分も文学をやってみようと思いたったのである。

本居宣長とゲーテの場合は、出会いとはいっても、偶然に街角でばったり出会ったのではなくて、自分の意志で自ら会いに出かけて行って、賀茂真淵やヘルダーに会い、先方がもっている何物かに触れて大きな感動と影響とを受けたのであった。

ある出会いによって人が本当に変わるのだとすれば、その人のなかには、それを実現させるに足りる長い間の蓄積があったに違いない。小さなキッカケというのは、この蓄積された力を現実のものにするための偶然の手がかりであったにすぎないのではなかろうか。ここで大切なのは、偶然のキッカケよりもむしろ陰に蓄積されていた目に見えないエネルギーのほうである。

上の二例でわかるとおり、出会いも漫然と待っているだけでは得られないことは確かであり、自分がそれを求めるという姿勢を持っていることが必要である。「叩けよ、さらば開かれん」（マタイ伝七―七）である。寺山修司とともに演劇実験室「天井桟敷」を創った演出家の東由多加さんも「真の出会いというのは、自分の内的必然性との出会いでなければ何の意味ももたらさないものだ」と言っている。

道元の出会い

曹洞宗の開祖道元（一二〇〇〜一二五三）は、いまからおよそ七六〇年前に、日本の仏教にあきたらなくて、中国へ留学しようと決心した。彼が、宋に行くことを決めて、上海の南にある明州（現在の寧波）の港についたのは貞応二年（一二二三）四月のはじめ頃、彼が二十四歳のときであった。

けれども、道元はすぐには上陸を許されなかった。つまり、パスポートの役をしていた、奈良の東大寺で受戒したことを証明する戒牒を持っていなかったために、約三カ月も船の中にとめておかれたのであった。

道元（永平寺所蔵）

五月四日の夕方のことであった。一人の年老いた僧が船を訪ねてきた。この老僧は、干したシイタケを分けてもらいにおとずれたのである。聞いてみると、阿育王山の典座（禅寺の食事係）であった。阿育王山は、寧波の約十六キロ東にある、中国の禅宗五山の一つだった。典座は、あしたの節句に、まんじゅうをつくって雲水たちにご馳走したいと思い、その調味料に使うシイタケをわざわざ買いにきたのである。

この老僧は六十一歳になるが、故郷を離れて四十年間、各地の禅寺を回って修行し、去年の夏から阿育王山の典座の役をしている。きょうは午前中に山を出たが、シイタケを買ったらまたすぐに阿育王山に帰るのだ、と話した。

道元は、人恋しいときであったので、いっしょに語りあかそうと思って、この船で泊まってほしいと頼んだが、あしたの食事の世話をしなければならないからだめだ、と断られた。「阿育王山ほどの寺ならほかにも典座がいるでしょう。あなたがいなくてもさしさわりないのでは」と言ってみても、「私は年をとってからこの職につきましたが、最後の仕事だと思っておりますので他人に任せることはできません、外泊の許可ももらっていないのです」といって老僧はどうしても意志を曲げない。「あなたほどの老僧ならば、座禅をするとか、昔の禅問答を読んだりしていればよさそうなものなのに、なぜめんどうな典座などを勤めて働くのですか、何かいいことでもあるのでしょうか」と道元が訊くと、この年老いた僧は、笑って言った。「あなたはほんとうの修行や学問が何であるかがまだわかっていないようですね」。この返事に道元はひじょうに驚いた。

やがて、道元は上陸を認められ、はじめから目的にしていた天童山に登って寺に入った。すると、あの老僧が典座の職をやめて自分の故郷へ帰る途中、わざわざ、道元を天童山に訪ねてくれたのだ。そのときに、道元は「船の中で聞いたほんとうの学問とか修行とは何であるかを教えてほしい」と、再び尋ねてみた。

この老僧はこういうふうに答えた。「偏界(へんかい)かって蔵(かく)さず」。あらゆることはすべて真理で、学問、修行の対象でないものはない、という意味である。

道元は、のちに、日本に帰ってから嘉禎三年(一二三七)に『典座教訓』という本を書き、この中でこの年老いた典座を真の道人だと感心してこう記している。「山僧(道元を指す)いささか文字を知り弁道を了ずることはすなわちかの典座の大恩なり」。

クルミを割る人

道元は、はるばる宋まで禅を学びに留学したのであったが、このときちょうどシイタケを買いにこの年老いた僧が来なければ、悟りを開くことはできなかった。それに、もし、買いにきた僧にシイタケを売ってあげただけで、質問もしないで帰してしまえば、やはりこういう教訓を学ぶことはできなかったであろう。

道元が勉強しようという構えを持っていなければ、この老僧が何をしゃべっても受け容れる気にはならなかったであろうから、偶然の出会いを道元が積極的に意味のある出会いに変えたといってよかろう。

「神さまはクルミは与えるが、それをかんで割ってはくれない」とドイツの文豪ゲーテ（一七四九〜一八三二）は言った。これは、一八一一年十月九日、W・ドローという学生にゲーテが書いてやった句である。

神さまは、滋養のあるものを与えてくださるが、それを割るのは人間がしなければならない。努力なしに糧は得られない、という意味なのである。つまり、出会いのチャンスというのを神は与えてくれるが、そのチャンスをつかまえて出会いを自分のものにするのは人間の努力なのである。

しかし、偶然の出会いそのものが、その瞬間に人間を変えてしまうこともあり、その一番わかりやすい例は恋愛であろう。

恋の不思議

ロミオとジュリエットのように一目で相思相愛の仲になる出会いはけっして珍しいものではなく、「恋せしもの誰か初めて見し時に恋せざりしぞ」（『御意のまま』第三幕第五景）である。

恋愛によって人が変わった好例はダンテの場合である。

一二七四年の春、九歳のときにイタリアのダンテ・アリギエリ（一二六五～一三二一）は父といっしょにファルコという金もちの家に招かれ、そこの娘ベアトリーチェに会った。この世の人と思えないほど清らかに見えたこの娘にそれから九年のちに近くの川のほとりでばったり出会った。ベアトリーチェは白い服を着て年上の女性と歩いており、ダンテを見ると懐かしそうにほほえんだ。ボローニャ大学の学生だったダンテは天にも昇る気分で帰宅すると、すぐに『新生』（一二九三年頃）という詩を書いた。その後ベアトリーチェは実業家と結婚して病死してしまった。彼が後年フィレンツェから追放されて諸国をさすらいながら書いた『神曲』（一三〇四～一三二一）はイタリア語で書かれたもっとも美しい詩だといわれているが、九歳からずっと心の恋人だったベアトリーチェの魂に導かれて天国に昇っていくまでの人生の苦しみをうたったものであった。

ボーヴォワールの出会い

実存主義者であるJ・P・サルトル（一九〇五～一九八〇）とシモーヌ・ド・ボーヴォワール（一九〇八～）との出会いは、これまでにあげたような出会いの例と比べると、すこし変わっている。彼らの出会いをみるために、長くなるがボーヴォワールの『娘時代』（二九二～三二四頁）から引用しておこう。

大学教授資格試験まであと三週間という頃、ボーヴォワールはアンドレ・エルボーを知ってひかれていく。エルボーはのちに作家になったポール・ニザン（一九〇五～一九四〇）とサルトルとの三人でトリオを組んで仲よく勉強しており、そこへボーヴォワールがあとから仲間入りをする。

「エルボーは私に、サルトルからだと言って、サルトルが私に捧げたデッサンを渡した。『ライプニッツがモナードといっしょに風呂に入っている図』だった（訳註、モナードは当時流行している漫画の人物）。（中略）

ある日、エルボーは『仲間たち』が日曜日の朝、大学都市（訳註、パリ市の南端にある学生が住んでいる処）で私を待っていると私に言った。彼らはライプニッツを勉強するために私に希望をかけているのだ、と。

サルトルの部屋に入った時、私はちょっとたじろいだ。書籍や紙類がひどく散らかっており、煙草の吸いがらがあらゆる処にあり、煙でもうもうとしていた。サルトルは気取った様子で私を迎えた。彼はパイプをふかしていた。無口で、口をへの字に曲げた微笑の隅に煙草をくわえたニザンは、その分厚い眼鏡のうしろからじっと考え深かそうな様子で私を観察していた。一日中、私ははにかみから、こちこちに硬くなりながら、『形而上学』（訳註、ライプニッツの著書）について批評し、夜、エルボーが自宅まで送って来てくれた。

シモーヌ・ド・ボーヴォワール（新潮社提供）

私は毎日サルトルの部屋を訪ねるようになった。ほどなく私もうちとけて来た。ライプニッツは私たちを退屈させた。私たちは彼のことについて十分知っているということに決めた。サルトルは『社会契約論』（訳註、J・J・ルソーの著書）について私たちに説明した。彼はそれについて特別な見解をもっていた。実際のところ、あらゆる著書や、プログラムのあらゆる章について、群を抜いていちばん詳しく知っていたのは彼だった。私たちはサルトルに耳を傾けるだけだった。私は時々議論を試みた。私は智恵をしぼったり、自分の意見に固執したりした。

《彼女は狡猾だなあ！》

とエルボーは陽気に言い、ニザンはうわの空で自分の爪を眺めていた。しかし、いつもサルトルのほうが上手（うわて）だった。彼を恨むことは不可能だった。彼は自分の知識を他人（ひと）のために役立てようと全力を尽すのだった。

《彼はすばらしい知的トレーナーである》

と私は日記に書きとめている。私は彼の寛大さにびっくりした。なぜなら、これらの研究会で彼は何も教わらないのである。それなのに、そろばんもはじかずに彼は何時間も自分をついやしていたのだった。（後略）」

試験の結果、エルボーだけが落ちてパリを去っていく。

「私は誰かから知的に支配されていると感じるのはこれが初めてだった。私は自分よりずっと年上の、ギャリックやノディエからもそれを感じはしたが、それは漠然と、遠くからで、彼らと対峙したわけではなかった。サルトルとは、毎日、一日中、私は自分を対比し、私たちの議論では私には重みがなかった。リュクサンブール公園で、ある朝、メヂシ泉水のほとりで、私は、各自に各々の理があるというモラル・プリュリスト（多元論）を彼に述べた。この理論によれば、そういう人たちにはなりたくはないが自分の好きな人たちを弁明できるのだった。サルトルはそれを木端みじんにやっつけた。私は頑張った。なぜならそれによって私は自分の心を善悪の審判官にすることができたからだ。私は三時間の間もがいたが、自分の敗北を認めざるを得なかった。その上、私はこの会話をしている間、私の大部分の意見が偏見か、でなければ

ジャン・ポール・サルトル（新潮社提供）

不誠意によるものか、軽率さから来ていることに気づいた。私の理窟は片ちんばで、私の考えは混沌としていた。《私はもう自分の考えていることに、そして考えることにすら自信がない》

と私は驚いて日記に書いている。私は自尊心をそこに持ち込まなかった。私はいばるよりも好奇心が強かった、私ははなばなしく見せるよりも学ぶほうを好んだ。しかし、それにしても。数年間の高慢な孤独の後、自分がユニークな存在でもなければ、第一級の存在でもないのだと発見したことは大きな事件であった。自分は他の大勢の人たちのひとりにすぎないのだ。そして急に、自分の真実の能力に自信がなくなった。なぜなら私をつつましい気持にさせるのはサルトルだけではなかった。（後略）」

こうして、ボーヴォワールはサルトルに影響されて有名な実存主義者になっていくのである。二人の愛情は終生変わらなかった。ここには、偶然の出会いが、すこしずつ人間的感化を及ぼしていく過程が描かれている。この例でわかるように、恋愛がいつも衝撃的出会いで始まるとは限らない。

恋愛ではないが、似たような例をもう一つあげておこう。

探険家リヴィングストンと新聞記者スタンリーとの出会いである。

リヴィングストンを探す旅

デービッド・リヴィングストン（一八一三～七三）は、アルバート・シュヴァイツァーと同じように、医師であると同時に、ロンドン伝道教会の医療牧師でもあった。当時、ほとんど何もわかっていなかったアフリカの地理、動物相、植物相そして人間の生活について彼は何回も調査を行って、医師や牧師としてよりは、むしろ探険家として有名になった人である。

彼は、伝道事業をアフリカで忠実に行ったほかに、アフリカにおける奴隷売買の実態に世界中の注意を向けさせたり、奴隷制をやめさせるための健全な商業を発展させるのに努力したり、いわゆる、探険による地理学的あるいは歴史学的な貢献のほかにも、大きな業績を残している。

そのリヴィングストンが最後の探険にのぼったのは一八六九年三月のことで、彼は、タンガニーカ湖東岸のウジジに着いたとき、郵便物や補給物資がすべて盗まれていて、ひじょうに気落ちしてしまっていた。けれども、それから立ち直って、ザイール東部にあるニャングウェ地方へ行って、アラブ人による奴隷貿易のみじめな状態を目撃し、一八七一年の十月に再びウジジへ戻ったのである。

ところが、ヨーロッパやアメリカでは、その実情が伝えられなかったので、リヴィングストンが行方不明になってしまった、と報道され、「ロンドン・デイリー・テレグラフ」紙と「ニューヨーク・ヘラルド」紙の二つの新聞社がリヴィングストンを探すために、ヘンリー・スタンリー（一八四一～一九〇四）特派員を派遣することに決めた。

スタンリーは一八七〇年春に米国を出発して、一八七一年二月六日にアフリカに上陸してからいろいろと命がけの苦心を重ねた末に、同年十一月三日ウジジにおいてリヴィングストンをついに発見するのである。

スタンリーの出会い　二人はここに四カ月間滞在し、スタンリーはリヴィングストンにイギリスへ戻るよう勧めたのであったが、リヴィングストンが、ナイル川の水源を確認したいという希望を絶対に捨てなかったために、一八七二年三月十四日に、タボラの近くで二人は別れたのである。

八月にリヴィングストンは再び探険をはじめたのであるけれでも、バングウェル湖付近の湿地帯で困難をきわめ、一八七三年五月一日、とうとう、リヴィングストンはチタンボの村のベッドの脇で、膝まずいて祈る姿勢のまま死んでしまった。

その知らせを受けたスタンリーは、リヴィングストンの遺体をミイラにしてイギリスに送り戻し、ウェストミンスター寺院に葬ったのちに、自分はリヴィングストンの遺志を継いで、アフリカ探険の事業を引き継ぐことに決めた。

そして、一八七四年、スタンリーは、中央アフリカのいくつかの湖を測量するために三年計画の探険に出発した。一八七九年から八四年にかけてはコンゴ川盆地を探険して、川沿いに二十一カ所の交易所を設け、のちに、コンゴ自由国が建国されるもととなった。

一八八七年から九〇年にかけては、エジプト赤道州の総督であったエミン・パシャを救うために派遣団を率いていったし、のちにナイル川の源流をつき止めて、広大なアフリカの各地を探険し、その結果、アフリカを支配したいというヨーロッパ諸国の欲望に火をつけることになった。

スタンリーがリヴィングストンを発見したときの記録はスタンリー自身のペンによる『リヴィン

グストン発見記』に次のように記されている。

「そこで私は、気おくれと虚妄の誇りとがこれこそ最良のことだと暗示したとおりのことをおこなった。すなわち、ゆったり彼のそばに歩みよって、帽子をとると、こういったのである。

『リヴィングストン博士でございましょうか』(Dr. Livingstone, I presume ?)

『そうです』彼はわずかに帽子をさしあげて、親切な微笑を浮かべながらそういった。

リヴィングストンとスタンリーの出会い（『リヴィングストン発見記』筑摩書房）

私は帽子を頭にもどし、彼も帽子をかぶって、われわれ二人はかたく握手をかわす。それから、私は声高にいう。

『博士、あなたにおめにかかることを許されましたことを、私は神に感謝いたします』

彼は答えた、『ここにいてあなたをお迎えできることを、ありがたいことだと感じております』

私はアラビア人の方を向いて、彼らがいっせいに『ヤンボ』のあいさつを合唱して私に浴びせかけるのにこたえて、彼らにむかって帽子をぬぐ。すると博士は、彼らの名前をいいながら私につぎつぎと紹介してくれる。それから、群衆のことも忘れ、私と危険をともにした部下たちのことも忘れて、私たち――リヴィングストンと私――は彼の家（テンベ）の方に顔を向ける。彼はベランダの方を指さす。広いさしかけの軒の下にあるベランダ、これはむしろ泥土で築いた縁台といった方がいいかもしれぬ。彼は彼自身の特別席を指さす。思うにこれは、彼の老齢とアフリカでの体験から編みだされたものなのだ。つまり、藁のマットのうえに山羊の皮を敷いたもので、さらに、背中がじかに冷たい泥土に触らないようにもう一枚の皮が壁に掛けてある。私はこの席を勧められたのでしきりと辞退した。この席は私よりもはるかに博士に似つかわしいものだからだ。だが、博士はどうしてもいうことをきかない。私はそこに坐らなくてはならなくなる。」（三一六〜七頁）

一年近い命がけの旅を続けたすえに、あの広大なアフリカでリヴィングストンをついに発見したとき、二人の出会いはすばらしい、感動的なものだったに違いない。現地人の手まえもあったので、かけ寄って抱きしめたりこそしなかったが。

これは必然と偶然とが入りまじった出会いであったが、その出会いの瞬間がスタンリーを探険家に変えたわけではなかった。数カ月も二人がいっしょに暮らしているうちに、スタンリーが次第に感化されたのである。

岡倉天心とフェノロサ

『茶の本』や『東洋の理想』を書いた岡倉天心（一八六二〜一九一三）の父親は、越前福井藩の藩士であり、横浜で藩が経営していた貿易店の支配人をしていた関係上、岡倉天心は、七歳頃からアメリカ人に英語を習っていたために英会話がひじょうにうまかった。

そして、東京大学の文学部の学生だったときに、米国人哲学者アーネスト・フェノロサ（一八五三〜一九〇八）に通訳として雇われたのである。

フェノロサは、その前の年、一八七八年に東京大学の教員として日本に着任し、日本の絵や彫刻を見て、日本の古美術を研究したいと考えていたのであった。そして、このフェノロサといっしょに画家や画商に会って通訳をしたり、ほうぼうを訪ねて絵や彫刻を見ているうちに、天心自身も、古美術に強く魅力を感じるようになった。西洋美術にはない、独特の美がある日本美術の伝統を活かして、新しい日本の美術を生み出したい、と天心は考えた。その後、ヨーロッパで西洋美術を研究して、日本の美術がすぐれているという確信をもち、一八八九年には、フェノロサと協力して東京美術学校（現在の東京芸術大学美術学部）を開設させた。そして、岡倉天心は、校長兼日本美術史の教授になったのである。のち、一九〇四年にはアメリカに招かれて、ボストン美術館の東洋部長になっている。

天心とフェノロサとの出会いもまた、初めて出会った瞬間に火花を散らしたというようなものではなくて、むしろ知りあってから長い期間にしだいに感化された、と考えるべきであろう。

2　本との出会いが転機になった人びと

アウグスティヌスの『告白』

一冊の本との出会いでもっとも古くかつ有名な例は、アウグスティヌスの『告白』に書かれている。ローマのカトリック教司教だったアウレリウス・アウグスティヌス（三五四〜四三〇）はキケロの哲学的対話篇『ホルテンシウス』に出会ったことによって魂の底からゆさぶりをかけられる。

「この書物こそ、じっさいに、わたしの情念を一変し、わたしの祈りをあなた自身にむけ、わたしの願いと望みとをまったく新しいものとしてしまった。すべての苦しい希望は、わたしにとって突然いやしいものとなった。わたしは信じがたいほどの熱情をもって、知恵の不滅をしたい、あなたのもとに帰ろうと立ち上りはじめた。」（『告白』上巻七一頁）

さらに、のちに新プラトン派の本（たぶんプロティノス『エネアデス』）に出会って、アウグスティヌスは非物体的な存在——純粋な霊の存在という考えを教えられる。自己自身の内側に目覚め、真の意味で存在するもの、つまり神について明確な知を得たのである。

ニーチェとショーペンハウアー

似たような衝撃的体験はニーチェにもみられる。一八六四年、二十歳でボン大学に入学したニーチェは、飲酒とばか騒ぎと借金にあけくれる学友たちに失望して、古典文献学の大家リッチェル教授がライプツィヒ大学に移ったあとを追うようにして翌年十月にこの大学に転学した。その年の暮に彼はショーペンハウアーの『意志と表象としての世界』を買うことになった。

「ところで、このような状態のときにショーペンハウアーの主著を読んだら、どんな影響をうけるか想像されたい。というのは、ある日、私は老ローンさんの古本屋でその本を見つけ、全然知らない本だなと思いながら手にとり、ページをめくってみた。私に『この本を持ち帰れ』とささやきかけたのがいかなるデーモンであるかは知らないが、とにかく私は、本の購入をあまり急がないいつもの習慣に反して、それを買って帰った。下宿に帰ると、獲得した宝を手にしてソファーの隅に身をなげかけ、かのエネルギッシュで陰鬱な精神が自分にはたらきかけるにまかせはじめた。その本では、すべての行が諦念と否定と断念を叫んでいた。私には、その本が世界と生と私自身の心情を、おそろしいほど大規模に映してみせる鏡のように思われた。」

（山崎庸祐『ニーチェ』三九頁）

彼は二週間ものあいだ朝六時から夜中の二時まで読み続けるという熱心さでこの本に感激し、人が変わったような感じを経験したのである。「自己認識への要求が、いやむしろ、自分を噛み砕いてしまうことへの要求が、圧倒するように私を襲った」と彼は書き、周囲の友人たちにもこの本を読むようにさかんにすすめた。

辻邦生とトーマス・マン

もう一つ、例をあげておこう。作家の辻邦生（くにお）がトーマス・マン（一八七五～一九五五）に出会ったのは終戦の翌年のことであった。

敗戦後、松本高校にいた辻は、ドイツ語の教科書としてトーマス・マンの『来るべきデモクラシーの勝利について』を読み、望月市恵の講義を聴いていた。その影響もあったと思うが、昭和二十一年の春、恩師である古川久から岩波文庫版の成瀬無極訳『ブッデンブローク家の人々』を借りて、彼はそれを読んだのである。

「四冊本の岩波文庫を、昼も夜もぶっ通しで読み、昼は学校に持っていって教室の講義の間にも読んでいたのである。第四巻のハノー・ブデンブロークが出てくるあたりから、本がだんだん終わりになるのがもったいなく思え、残りのページが薄くならないように押さえて読んだことを憶えている。

私が本格的な長編を読んで、いつまでもその小説世界にとどまっていたいと感じた、それが最初の経験だった。（中略）私は、その隅ずみまでのめり込むことができた。

特に、トーマス・ブデンブロークの死から最後のハノー・ブデンブロークが死んでいく一族の没落のプロセス、そのあたりにただよう、憂うつで甘美な音楽性に対して、私は、抵抗しよ

うのない惑溺感を覚えた。（中略）

私は、音楽的情緒をただよわす塑像的な描写に気質的な共感を覚え、その描写のみごとさに息をのんだのである。（中略）しかし、小説より先にマンが決定的に私の青春の精神的風土に影響を与えたのは、むしろ、評論家としてのトーマス・マン、さまざまな文化的事象に対する分析家としてのトーマス・マンであった。

私たちが読めるのは、戦前、戦中に訳された翻訳だけだったが、そんななかに、たとえば略伝を見つけたりすると、狂喜して、二度も三度も読み直したものであった。

私と、こうした熱狂を分かち合っていたのは北杜夫だった。（中略）しばらくして北杜夫に会うと、彼はすでに人が変わったようにトーマス・マンに打ち込んでいて、特に実吉捷郎氏の訳された『ヴェニスに死す』の文体にまで魅了されていた。彼は、それを非常に明晰な、塑像的な硬い散文だといって、その訳文を至高の文章の一つに数えていた。（中略）ともあれ、こうして北杜夫におけるトーマス・マンの熱中がはじまり、それは私自身のマンへの没頭をいちだんと煽るかたちになった。ある朝、私は、新聞広告で、トーマス・マン著『経済学原論』という本を見つけて、思わず胸を高鳴らせた。しかし、マンが経済学の本を書くとはちょっと信じられなかった。私は、早速、北杜夫とこのことを話したが、彼も半信半疑だった。まさかと思うけれど、しかし、マンほどの巨匠になればひょっとして……と口ごもりながら言った。これが、当時は、私たちは、マンという字を見ると、心臓が縮むような思いをして、思わず飛び上がったものだった。Thomas Mun（一五七一〜一六四一）というイギリスの経済学者の本であることが後に判明したマンのものしか読まず、マンのものは繰り返して暗記するほど読んだといっても誇張ではなかった。」（『トーマス・マン』一六頁）

以上の三例は一冊の本との出会いが、想像もできないような衝撃的影響を与えた場合である。

著者との対決

東北大学の教授で文化人類学者の石田英一郎さんは、朝日新聞「一冊の本」欄の中で、こう書いている。

「真に意味のある読書とは、読者と著者との対決でなければならぬ。それは、読んで教えられるといった生やさしいものではない。読者の内に熟しきったあるものが、たまたまめぐり会った著作の魂の奥底に触れて、戛然と火花を散らす真剣勝負のようなものだ。このとき、一つ一つの文字は生あるものとなって読者の心に食入る。あるいは、これを、うつし世の出合いから永遠の愛に結ばれる男女の関係にもたとえうるであろうか。」

特別な環境での出会い

本のばあいに限らないのだろうが、出会いというのは、ある特別な環境においてだけ意味を持ってくることがある。

女優の山本安英さんが佐々木喜善の書いた『聴聞草紙』に出会ったのは戦争中のことであった。東京の空襲がだんだん激しくなってきだした頃のある日、本屋に勤めて古書を扱っていた弟さんが、この大版の黄色い紙表紙をつけた『聴聞草紙』を届けてくれた。

それを防空壕のなかまでかかえて入り、懐中電灯で照らしながら彼女は読んだのである。そういう緊迫した状況のなかで読んでいると、「馬喰八十八」というふうなのんびりした話が気持ちを落ち着かせてくれたり、あるいは、ヘビ女房の母親が人間界に残してきた自分の子どもを育てるために、「『それではもう一つ眼玉をあげるが、これで妾の眼玉は一つもなくなって、夜明けも日暮れも解らなくなり、不自由になるから、お前がこの沼のほとりに鐘を釣るして、明け六ツ、暮れ六ツの時刻に、その鐘をついて鳴らして知らしてクナさい』と言って、手ずから自分の残りの眼玉をクリ抜いて」というふうなくだりが、当時の悲惨な毎日と痛切につながる思いがした。

この本の中にあるのは、何といっても、本来の人間の世界のことであるが、山本さんが味わっていたのは非人間的な現実の毎日であったから、それがきわめて対照的であり、この単純な何でもないような話は、何もない時代に読めば、それだけになってしまったかもしれないのに、空襲にさらされた当時としては、自分のなかから失われそうになっている一番大事なものを、つなぎ止めてくれるような気がして、山本さんには、それにしがみつこうとする気持ちがあった。

空襲で敵の飛行機が頭の上を飛んでいるときに、防空壕の中に、人の言葉を語る小鳥がとんできてくれたり、目をつぶると突然茶の花が一面にひろがったり、といった世界をこの本がもたらしてくれたのである。こういう特殊な読み方を山本さんがもししていなければ、これは、つまらぬ昔話、ただの本として通りすぎていったであろうのに、『聴聞草紙』で山本さんは一つの貴重な出会いを体験したのであった。

堀田善衛と『方丈記』

同じことは堀田善衛さんと『方丈記』にもみられる。作家の堀田善衛さんは、第二次世界大戦の終わりもま近い一九四五年三月十日に東京大空襲に遭って、死者七万二一七四名、負傷者二万八九一名、死傷者合計九万三〇六五名という大災害を見たとき、この大空襲から実に七六八年も前に鴨長明が書いた『方丈記』という本にとりつかれてしまった。

この七六八年の間には、『方丈記』を読んだ人は何万人、いや何十万人もいたにちがいないのに、堀田善衛さんただ一人が、『方丈記』を自分の目で消化して徹底的に読み直したのであった。

新潮文庫の『方丈記私記』についている山本健吉さんの「解説」によれば、この二、三年前から、堀田善衛さんは、西行や鴨長明のような乱世に生きた文学者に注目をしており、『方丈記』をはじめとして、『増鏡』『玉葉』『西行』『実朝』『明月記』などなどを調べていたそうである。したがって、空襲を体験したあとで堀田さんは初めて『方丈記』を読んだわけではないが、もしも堀田善衛さんが空襲に遭わなければ、かねて読んで頭に入っていた『方丈記』というものにこれほどいれあげることもなかったであろう、と考えると、やはり、これは、東京大空襲を契機としての『方丈記』に対する一つの出会いがおきたのだ、と考えられる。こうして、堀田善衛さんは、『方丈記私記』という、文庫本にして二二二ページの本を書いた。そして、それは、『方丈記』をただ単に紹介したのではなくて、『方丈記』という鏡に照らして自分自身の考えを述べているというか、『方丈記』によって自分を発見したということが、この本を読むとよくわかるのである。

堀田善衛さん自身もこう書いている。

「……けれども、鴨長明氏、あるいは方丈記や、発心集（ほっしんしゅう）などの長明氏の著作物や、その和歌などには、実はあまり気をひかれるということがなかったのである。（中略）私もまた、当時、おそらくは人並みに、鴨長明、方丈記、といわれても『フン、ゆく河の流れは絶えずして、しかも、もとの水にあらず。ヘエ、淀みに浮ぶうたかたは、かつ消えかつ結びて、久しくとゞまりたる例（ためし）なし。世中（よのなか）にある人と栖（すみか）と、またかくのごとし。諸行は無常でござる。なべて世の中はナムアミダブツである……』という、そのくらいのことしかうけとっていなかったのである。（中略）けれども、三月十日の大空襲を期とし、また機ともして、『方丈記』を読みかえしてみて、私はそれが心に深く突き刺さって来ることをいたく感じた。しかもそれは、一途な感動ということではなくて、私に、解決しがたい、度合いきびしい困惑、あるいは迷惑の感をもたらしたことに、私は困惑をしつづけて来たものであった。」（『方丈記私記』一六〜一八頁）

堀田善衛さんは、『方丈記私記』の終わりのほうでこう書いている。

「歴史と社会、本歌取り主義（伝統憧憬）の伝統、仏教までが、全否定をされたときに、彼（鴨長明）にははじめて「歴史」が見えて来た。皇族貴族集団、朝廷一家のやらかしていることと、災殃にあえぐ人民のことが等価のものとして、双方がくっきりと見えて来た。そこに方丈記がある。すなわち、彼自身が歴史と化したのである。」（同上、二二二頁）

ここで「彼自身が歴史と化した」というのは鴨長明のことでもあるし、また堀田善衛さん自身のことでもあろう。

こうして堀田さんは『方丈記』に出会って、考え方に大きな影響を受けたのである。

古代への情熱　次は一冊の本との出会いが具体的に人生を変えていった話である。

トロヤ文明、ミケーネ文明という二大文明を発見した考古学者ハインリッヒ・シュリーマン（一八二二〜九〇）は、八歳のときに、ゲオルグ・ルドウイヒ・イエッラー博士が書いた『子供のための世界歴史』という本を、父親から、一八二九年のクリスマスにもらった。

その書物には、燃えあがっているトロヤのさし絵があり、そこには、巨大な城壁やスカイヤ門がたっていて、父のアンキセスを背負い、幼いアスカニアの手を引いて逃げていくエーネアスが描かれていた。

このさし絵を見て、シュリーマンは大喜びで「おとうさん、あなたは間違っていたよ。イエッラーはきっとトロヤを見たことがあるんだ。でなければ博士がここを書けなかったでしょう」と叫んだのであった。父親は「いや、そんなことはないさ、これはただの空想で書いたんだよ」と答えたのだが、シュリーマンは、「それなら、古代トロヤには実際にこの絵に書かれていたような堅固な城壁があったのでしょうか」と聞くと、父親は「そうだ」と答えた。

そこで、「おとうさん、もしその城壁が建っていたことがあるなら、それがあとかたもなくなるなんてことはないから数百年間の石ころやチリの下に隠れて埋まっているかもしれないでしょう」と主張した。父親はもちろん、「そんなことはないさ」と言ったのだが、シュリーマンが自分の考えを堅く主張してゆずらないので「そのうちにはいつかトロヤを発掘しよう」ということでその場はおさまった。

この時から四十二年後の一八七一年十月十二日に、シュリーマンは、ヒッサリックの丘でトロヤの発掘をはじめ、そして古代文明を発掘することになった。もしも、父が八歳の子どもに、『子供のための世界歴史』をくれなかったら、こんなことは実現しなかったかもしれない。

これは、シュリーマンと本との出会いであるけれども、よく考えてみると、シュリーマンは本に突然出会ったから古代の発掘を決めたのではなくて、それまでもすでに、古代史に対しては熱情的な興味を持っていた父親から、しばしば、古代ローマの小都市ヘルクラネウムやポンペイの悲劇的な滅亡を聞かされていた。そこで行われた発掘を見物するのに十分な時間と金を持つ人こそは、もっとも幸福な人間であると思っていたらしい。

この父親は、また、しばしば、シュリーマンに、ホメロスの英雄の働きや、トロヤ戦役の出来事を讃えながら物語ったが、「トロヤは完全に破壊されて、あとかたもなく地上から消え失せた」と父親に聞かされて、シュリーマンはいつも悲しい思いをしていたのであった。そうした下地があったからこそ、この本に出会ったときに、シュリーマンの一生を決定するような気持ちがわいてきたのに違いない。

この場合の本との「出会い」は、いわばガソリンのある所でマッチをすったような「火つけ役」をしたものと考えられよう。

3 物との出会いが転機になった人びと

オリンピアの遺跡　同じく遺跡にまつわる出会いの話をまず一つ書いておこう。古代史に興味をもっていたフランスの教育家ピエール・ド・クーベルタン（一八六三〜一九三七）は一八八一年十八歳のときに、ドイツのE・クルティウス教授によるオリンピア遺跡の発掘（一八七五〜一八八一）のニュースに接した。六年余りを費やして発掘された千年以上も昔の遺跡をみに行って彼はすっかり感動し、それがスポーツ教育への関心とむすびついて、オリンピックの復活をぜひとも実現しようと決心して、一八九六年についにこの夢をはたしたのであった。この場合は、ガソリンがない所で爆発をおこさせたとでもいうべき例である。

メスカリンの奇蹟　『知覚の扉』という本のあらましを以下に述べてみよう。一八五三年初夏のある日、英国の作家オルダス・ハクスリー（一八九四〜一九六三）は、コップ半杯の水に溶かした四百ミリグラムのメスカリンという幻覚発現薬を飲んだ。一時間半くらいのちに効果が現われてきた（小林司『新精神薬理学』四七八頁）。

朝食の時には、花びんに挿してある三種の花の色の不調和がひどく気になっていたのに、今やそれはアダムが創造の朝に見たとも思えるような赤裸々な存在の刻々の奇蹟のようにすばらしく見えてきた。

花を見ながら、彼は『碧巌録』第三十九則（一一二五年）に出ている「雲門花薬欄」という話を思い出した。

ある雲水が高僧である雲門に「清浄な仏法の姿如何」と尋ねると、「庭の奥の花の垣」と答えてくれた。「それを実現しているのは誰ですか」と追及すると「金毛の獅子」と答えた。

これを読んだ時には意味がよくわからなかったのに、今やそれはユークリッドの幾何を解くようにはっきりと理解できた。花の垣が清浄法身そのものなのだ。

タイプの向こうに籐椅子があり、さらにその向こうに机があった。それらの作っている構図が何とも言えない美しさを形づくっていると思えてきた。籐椅子の脚一つをみても、そのキメの細かさ、磨き上げられたこの世のものとも思えぬなめらかさ、それはどんなにすばらしいものだったことか。その日まで毎日のように眺めていた籐椅子なのに、ハクスリーはその日に初めて出会ったような気がした。

日常見なれているものと、改めて出会ったこの瞬間から、ハクスリーのものごとに対する考え方が変わった。宇宙的規模ともいうべき神秘な体験に目を向けるようになったのである。

コップの輝き

これと同じように、川端康成も、ハワイのホテルで、ある朝、テラスの棚に並んでいるガラスのコップが、朝日にピカピカ光っている光景に出会って感動したことを書いている。

七十四年の生涯には、高価なものから平凡なものに至るまでさまざまなコップを見たことだろう。だが、彼が、まさしくコップがコップとして世界をあざやかに開示する場面に出会ったのは、そのときが初めてであったに違いない。コップという物がもっている性質を超えて、開かれた世界のありようをあらわに示しているシーンに、彼は突如めぐりあった、といったほうがいいのかもしれない。

仏像の美

これとよく似ている仏像との出会いを、亀井勝一郎は次のように語っている。

「昭和十二年の秋、三十一歳のときである。日華事変はすでに起こっていたが、私は日華事変など全く眼中になく、自分一身が救われるかどうかだけが重大事であった。戦乱をよそに、大和の古寺をめぐり、はじめて古仏に接したのはこのときである。美と教養を積みたいと願う自分の下心に対し、沈黙の古仏が一挙に示唆したところは「唯信」であり、告示したところは次の三点につきる。

一、いっさいを放下せよ。

二、人間を恐るるなかれ。

三、すべてを摂取して捨てず。

それは罪禍を責めず、穿鑿せず、ただその刹那までの自己いっさいを、その場で放棄することを示唆した。私は歓喜踊躍して拝んだ。強制や習慣でなく、自発的に拝むことを生まれてはじめて促されたのである。生まれてはじめてというが、このとき私は生まれたのかもしれない。必ずしも一瞬の出来事ではない。自分の半生には、一瞬にして発心を促されるような、異常事件も悲劇も奇蹟もない。ただおのずからに、胸底のうつろな洞窟へ光がさしこんでくるような、生命のあけぼのの訪れともいうべき感じであった。

唯物論者、無神論者は、これを偶像礼拝として嘲るであろう。だがたとい偶像であり迷妄であっても、そのときの自分にとっては、これにまさる救済者は見いだしえなかったのである。私はまず徒らに過去を悔いることを止めた。なぜなら過去がいかに汚辱にみちたものであっても、そのゆえに、それがそのまま往相の相となりうることを、還相者としての仏像によって知らしめられたからである。罪禍や迷いがなかったならば、仏に逢うこともなかったであろう。安心立命の境に達したのではない。第一に拠るべき精神が明示されたのである。しかし私はまた、「美」に誘惑されたかもしれないのである。いかなる仏像であってもよいというわけではなかった。飛鳥、白鳳、天平という仏像の至高なる傑作、その美がなかったならば、私の礼拝は起こらなかったであろう。」（亀井勝一郎『我が精神の遍歴』一〇九〜一一〇頁）

4　私の体験

小雑誌の一文　ここで、私は、斎藤秀一という、名もない一人の男に偶然に出会った自分の貧しい体験を書いてみようと思う。「偶然とは、必然の契機である」と言ったのはヘーゲルだったが、もしそれが真実なら偶然ほど怖いものはない。

私がこの男に出会ったのは、一九五二年に出た『サミデアーノ』（仲間たち）という、エスペランティストのためのガリ版刷の小さな雑誌に載った短い文章の中であった。この男はずっと前に亡くなった人であり、この雑誌には、大島義夫さんという言語学者が「日本に輝いた三つの星」という題で書いた思い出の記が載っていたのである。

そこには、中塚吉次、斎藤秀一、長谷川テルという、そのときにはまだ名を聞いたこともない三人の生涯が、ごく手短に紹介されていた。それにはこう書かれていた。

「山形の斎藤秀一君も中塚君と同じく、一九三九年頃、山形の刑務所で病死したが、彼はローマ字とエスペラント運動の両方で積極的に活動した人であった。東北人らしい粘り強さで、言語問題の雑誌『文字と言語』、エスペラント文の雑誌『ラティニーゴ』(ローマ字化)を出した。彼は、分厚なこの雑誌を、自分でガリ版を切り、印刷発行していた。

『文字と言語』は、進歩的な立場から、ローマ字論者、エスペランティストの論文を集めて載せたもので、方言研究者としても認められていた彼の活動はめざましかった。

『ラティニーゴ』は、中国、インドシナ、インドネシアなど、アジアのローマ字運動を発展させるために、エスペラントでいろいろの通信を行い、国際的ローマ字運動の機関誌として発行していた。

この考えはまったく遠大なものであり、倦まずに各国の同志と連絡し、エスペラントを実用化して国際ローマ字クラブの組織を伸ばしていったことは、エスペラント運動と民族語運動の総合的な発展として画期的な仕事であった。

エスペラントの運動は、言語生活革命運動の一部面であって、当然、民族語改革の仕事と結びついていかなければならない。そうしなければ人類言語の統一という、エスペラント本来の目的も果たされないわけである。

人間の言語生活をよくするという根本に遡って考えれば、エスペランティストは、言語の本質と、その正しい民族的、国際的発展に無関心でいることはできない。斎藤君がわが国のエスペラント運動のうえに意義ある足跡をとどめたのは、このことをつかんで進んで実行し、ついにそのために獄中でその将来ある生涯を終わったことにある。

エスペラントをひろめることは、口先の宣伝でできるものではなく、エスペラント本来の進歩的な方向に沿って実行することによってのみ実現できるのだ。その意味で、死ぬまでその理想実現の努力を続けた彼を、私たちは、エスペラント運動の最も輝く星になぞらえることができる。」（『サミデアーノ』一九五二年十一号五頁）

たったこれだけの長さの、おそらく普通の人にとっては何でもない、ありふれた文章であろうと思われるこの文章が私の一生に与えた影響は、比べることのできないほど大きいものであった。

転職を決意させたもの

もちろん、私はそれまで斎藤秀一に会ったこともなければ、彼についての話を聞いたこともなかった。そして、この文章には、写真も添えてなければ、斎藤秀一に関する生涯の伝記といったふうなものも、まったく記されていなかったのである。

しかし、私は、そのときに、おそらく何ものかを感じたのであろう。この三人の人が並んでいるうちで、どうして、斎藤秀一ひとりについてだけこのような執念を燃やしたのかは、自分でもわからないが、私は斎藤秀一について調べてみようと、そのときに決心したのである。思えば、もう三十年も昔のことになる。

そのとき、私は、まだ、医学部の学生であった。それからインターンになり、精神科医になるために、大学の精神医学教室に入り、精神薬理学を四年間勉強してからアメリカに三年ほど留学し、帰国したのち民間の精神医学研究所に十一年勤めた。この間ずっと、私の頭から斎藤秀一の名が離れなかった。

調べてみると、秀一は、山形県鶴岡市の南にある、現在は櫛引町に名が変わっている山添村の泉流寺という曹洞宗の禅寺の息子であった。一九三一年に駒沢大学を卒業してから、故郷に帰って、山の中の分教場で小学校の先生を一年余り勤めたのちに、子どもにローマ字を教えたということからその仕事を追われ、のちに、大島の文章にもあったように、『文字と言語』というガリ版の雑誌を、自分で、十三号発行し、さらに、エスペラント文で書いた『ラティニーゴ』という雑誌を二号出した。そのときに、比類のないわが国の国体を、言語改革という面から変革を企てるものだ、という疑いをかけられて、治安維持法違反で逮捕され、山形の刑務所、秋田の刑務所を転々としているうちに、肺結核にかかって亡くなった人であることがわかった。

駒沢大学を出、禅宗の寺に育ったという点では、相当、禅の思想がからんでいるし、小学校の先生をしているときには、綴り方運動とか北方性教育の問題が持ちあがっていた。

彼は、言語に関心をもっていたので方言を調べており、方言の問題から柳田国男などとも交わっていたので民俗学とも関係ができていた。

また、エスペランティストであり、ローマ字論者であり、仮名文字論者であったから、日本の言語問題についてはもちろん深い関心をもっていた。そして、駒沢大学にいたときから彼が抱いていた唯物論への関心は、当然、当時のプロレタリア文化運動ともつながりをもっている。

こうして、ただの精神医学とか精神薬理学に関心を抱いていただけの私は、おのずから、斎藤秀一のあとを追うことによって、こうした各分野の本を広く読むことになり、斎藤秀一の伝記を書いていくうちに、私自身の考え方や生活も大きく影響を受けて変わってきたのである。

学校にいる間や勤務をしていたときには夏休みを利用して、一、二週間を取材のために鶴岡の郊外に旅をして回り、ひたすらに、彼自身と彼の時代について、私は原稿用紙を埋めていったのであった。

しかし、医者の仕事は忙しいし、ことに、病院勤めだと患者のために当直もしなければならず、この分でいくと、とうてい、一生かかっても斎藤秀一の伝記をまとめることはできないことがわかってきたし、ほかの事情も重なったので、一九七四年一月にはとうとう医者をやめて、斎藤秀一の伝記を完成させるのを最大の目標にして、文筆業に変わってしまった。おそらく、よその人が見れば、たかが数十行の斎藤秀一紹介記事を読んで、秀一の生涯を追跡するなどというのは、ばかげたことに見えるであろうし、裏口入学者にとっては時価一億円ともいわれる医師免許証を持ちながら医者をやめてしまって、食うや食わずの文筆業に転向するなどというのは、狂気の沙汰としか映らないであろう。しかし、これが出会いというものの実体に違いない、と私は信じている。

そこには、利害・打算とか、あるいは、はからいによっては知ることのできない、何か不思議な力がはたらいているとしか思えない。こうして、出会いは、一人の生活を根本から覆えし、人生をすっかり変えてしまう力をもっているのである。いま彼の伝記は四百字詰め原稿用紙で三千枚に近くなり、『雪降りしきる』というタイトルも決まって出版もま近い。

ワルシャワへの旅さえも

さらにもう一つの出会いの話をすれば、第二次世界大戦中の一九四三年のこと、金沢市のある古書店で、中学生だった私は、エスペラントの入門書を一冊見つけて買った。そして、戦争中、この言葉を使う人たちがスパイの疑いで弾圧されているということも知らずに、一人でぼつぼつエスペラントを独習したのであった。それには、もちろん、この言葉をつくったザメンホフの平和を願う気持ちに打たれたことが大きな動機をなしていた、と思う。しかし、そのときには、自分がずっとこれからエスペラントを学ぶことになるとか、あるいは、この言葉を通じて斎藤秀一を知ることになるとか、あるいは、ずっとのちの一九七六年に、この言葉をつくったザメンホフの伝記を書くために、はるばるポーランドのワルシャワからビアリストックまで取材旅行をするに至る、などとは夢にも思わずに、私は、エスペラントに出会ったのであった。ザメンホフがユダヤ人として苦難の道を歩いたことを知った私はユダヤ人問題に興味をもつようになり、ワルシャワ・ゲットーにおけるユダヤ人蜂起やアウシュヴィッツを取材して長篇小説を書くことになった。取材のときには三週間のあいだエスペラントだけを使って東欧諸国を廻った。

そして、同じエスペランティストである妻とも結ばれ、いまなお、私は、エスペラントを通じて、世界各国のエスペランティストたちと文通をしているが、初めて入門書を取りあげたときには、そんなことは少しも予測しないで、ただ、好奇心から本を一冊買ったにすぎない。それが自分の運命を大きく変えることになろうとは、考えてもみなかったのである。

私の例一つだけを見ても、出会いというものは、けっして、一人の人間に出会うという場合だけではなくて、一冊の本、あるいは一つのもの、あるいは一つの花、そういうものとの出会いというのが実際にあり得ることがよくわかる。

以上、幾つかの例を考えてみると、そこには、必然的な出会い、偶然の出会い、特殊な状況下での出会い、人との出会い、本との出会い、ものとの出会い、あらかじめ予備知識があっての出会い、まったく無知での出会い、衝撃的影響を一瞬で与えた出会い、長期にわたってゆっくりと影響を及ぼす出会い、などいろいろな形の出会いがあるようだ。

しかし、これらに共通なことは、出会いが一人の人間に大きな影響を与えた場合には、出会いの相手が人間であろうと物であろうと、そこには必ず心と心の触れ合いがあるという事実である。もちろん「物」に心はないけれども、桜の花や月の光、絵や音楽に私たちが感動することからもわかるように、人間は物に心を見る時がある。ハイネはフランクフルトのユダヤ人ゲットー（居住区）にころがっている石ころをみたとき、「ユダヤ人の悲惨な運命を眺めたこの石も泣いている」と言ったではないか。

つまり、「買物に行く途中で隣の家の子供に出会った」とか「出勤のみちで火事に出会った」などというときと違って、一人の人間にとって転機になったような出会いは、人間という物体と他者という物体とが会ったのではなく、一人の人間の心と他者の心とが触れあったのである。ここに、感動的な「出会い」の特質がある。

Ⅱ　「出会い」の意味を考える

この章では、前の章で使われているような「出会い」という単語の意味を、各種の辞書で調べ、同時に日本と西欧とのあいだに「出会い」という概念についての根本的な差があるかどうかを検討してみたい。

日本語の辞書　私たちの日常生活では、人や物に対する出会いが毎日くり返されているし、「出会う」という言葉は日常会話にもしばしば出てくる。しかしながら、「出会う」という言葉の意味をわたしたちは正確につかんでいるのであろうか。ここで、「であう」ということばの意味をいろいろな辞書によって調べてみよう。大槻文彦による『新訂大言海』（冨山房、一九五六）によるところだ。

であひ　出合　デアフコト。相会フコト。出会。

であふ　出合　互ニ出デテ会フ。ユキアフ。出会ス。

いちばん詳しいのは『日本国語大辞典』（小学館、一九七五）である。

であい　出合・出会　①出て会うこと。出席すること。また、その席。対面。面会。会合。②偶然に会うこと。めぐりあうこと。また、そのめぐりあい。邂逅。③ある人と会ったはじめ。④出て立ち向かうこと。⑤男女がしめしあわせて会うこと。密会。⑥つきあい。交際。知りあい。⑦出るにまかせること。また、そのもの。出まかせ。（中略）⑩川・沢・谷の流れが落ち合

う所。合流点。(後略)

であう 出合・出会 ①出て行ってあう。出迎える。また、出て行って落ちあう。男女がしめし合わせて会う。密会する。②出て立ち向かう。出て行って争う。出て行って相手となる。③偶然に人やできごとなどに会う。行きあう。出くわす。遭遇する。④符合する。ぴったりあう。

新村出編『広辞苑』第二版(岩波書店、一九六九)ではこうなっている。

であい 出合・出会 1であうこと。めぐりあうこと。邂逅。2連歌・俳諧で連衆が順序を定めないで、出来次第に付けること。3知り合い。交際。4男女の密会。5谷や沢の落ち合う所。合流点。6双方の言い値が一致して売買契約のできること。

であう 出合ふ。出会ふ。1ゆきあう。でくわす。また、おちあう。会合する。2男女が密会する。3出て来て争いの相手となる。4よくうつる。よく調和する。

「邂逅」について

大野晋・浜西正人編『類語新辞典』(角川書店、一九八一)によると、「出会い」というのは「行き会って一緒になること」(六四八頁)であり、その類語として次の二十二語をあげてある。

会う。出会う。出会い。出会す。行き合う。落ち合う。ぶつかる。搗ち合う。鉢合わせ。乗り合わせる。待ち合わせる。待ち伏せする。巡り合う。邂逅。遭遇。奇遇。逢瀬。密会。逢引。ランデブー。デート。

この中の一つであり、「出会い」の意味に古くから使われてきた「邂逅」という単語の意味を辞書で調べてみると、次のようになっている。

思いがけなく出会うこと。めぐりあうこと。まれなさま。また、偶然のさま。たまさか。(『日本国語大辞典』)

思ひがけなく出会ふこと。めぐりあひ。(『大辞典』平凡社、一九三四)

たまさかに(『大言海』)

「邂」も「逅」も「あう」の意。思いがけなく出会う。(『新訂詳解漢和大辞典』冨山房、一九三六)

紀野一義は「口伝鈔」に載っている「邂逅」の例を二つ紹介している(『佛との出会い』一六一頁)。

「そのとき、おほきにおどろきて、このひとの御使たること邂逅なり。おぼろけのことにあらじとて、いそぎ温室よりいでて対面……」(この人がお使になってこられるとは思いがけない出会いだ。これはただごとではないと、急いで浴室から出て会い……)

使いにたったのは親鸞、浴室にいたのは法印聖覚(親鸞を法然に紹介した人)であるから、もとより知らぬ間柄ではない。それでも「邂逅」と述べているのが面白い。

「善信はかくのごときの食物邂逅なれば、おぼろけて……」(親鸞はこのような食物(鱠)に出会うのは思いがけないことなので、ぼうっとなって……)

これらの出会いの例では「思いがけない」という点が強調されているように見える。

桝田啓三郎は三木清『哲学と人生』(講談社文庫)への解説の中で「邂逅とは、単に途上で行き会うということでなく、呼びかけに応えることであり、応えうる者にのみ恵まれる運命的な出会いである」と述べて、三木清ほどに邂逅に恵まれた者は少ないし、三木が多くの哲学者に邂逅しえたのは、彼の内面がそれだけ豊かであり、さまざまなジーニアス(天分)とコンジーニアル(性に合っていた)に恵まれていたからだ、と記している。たしかに、カント、ゲーテ、西田幾多郎、田辺元、親鸞、リッケルト、ハイデッガー、パスカル、マルクスといった邂逅の相手を並べてみれば、三木の内面なしにこれらの邂逅がけっしておきえなかったことは明らかである。紀野一義も「邂逅」を「ただ会うというのではない。生涯にただ一度とでもいうべきいのちのふれあいがそこになければならぬ。それがなくては、めぐりあいとはいわれぬ」とつけ加えている。

亀井勝一郎はこう書いている。

「人生には不思議な邂逅があるものだ。それは求めて得られるものでもなく、求めずして得られるものでもない。ある刹那に彼方より殺到してくるもののごとくである。私が親鸞の著作を読むようになったのはかなり以前からだが、それが明確に意味をもつに至ったのは、戦争の末期から敗戦へかけてである。この時期における親鸞との邂逅こそ、戦争において私の遭遇した最重大事件であったように思われてならない。」（『我が精神の遍歴』四五頁）

亀井勝一郎は「邂逅が人生の非常な重大事件だ」とも述べている。

「邂逅は、偶然に出会うこともあるけれども、しかし、深い絶望のときに突然、光のように起きてくることもある。邂逅とは奇跡のようなものだ。

そして、邂逅は開眼をもたらす。それまで、見えなかったものがあきらかに見えてくる。そして、同時にここに人間の転身ということが起こる。人間は、生涯のうち何回か転身を迫られて、はじめて、人間として形成されるのであるが、この転身の動機になるのが、実に、邂逅である。」（『日本の知恵』）

「値遇」について

松原泰造の『一期一会――禅のこころに学ぶ』という本には「値遇」という熟語が紹介されている。遇は「あう」だが、値も「あう」だから「出会い」という意味である。「出会いに価値を認めている日本人の考え方を珍しく思ったのであろうか、一六〇三年に日本耶蘇会が長崎で出版した『日葡辞書』の三万二七九八項目の中には『ヒトトチグウスル』という文例があがっている」と松原は書いている（一九頁）。

値遇を『新訂詳解漢和大辞典』で調べてみると、

1であうこと、あうこと、遭遇。　2人に知られて重く用いられること。

と書いてある。第二の意味では、たしかに価値観が含められているのに注目したい。

それでは「出会い」に相当する英語の“encounter”を調べてみよう。

英語の辞書

小稲義男編『研究社新英和大辞典』第五版（研究社、一九八〇）によるとこうだ。

encounter〔他動詞〕1（ばったり）……に出会う。出くわす。2（敵）と遭遇する。交戦（会戦）する。（討論などで）……と渡り会う。対抗する。3（危険・困難などに）遭遇する。〔名詞〕1……との遭遇。出会い。2……との会戦。衝突。遭遇戦。3対抗。論戦。試合。4（精神医学では）出会い。（エンカウンター・グループの）会合。5〔廃語〕応対振り。態度。

もっとも権威ある英英辞典だとされている『ザ・オックスフォード・イングリッシュ・ディクショナリー』十六巻（一九三三）でencounterを調べてみる。

名詞のばあいは、1顔つき合わせて会うこと。2特に偶発的に(人か物か)と出くわすこと。3他人と会う時の言動のスタイル。4偶然の幸運に会うこと。5できごとに会うこと。6修辞学でアンチテーゼにつける名。

動詞のばあいは、1敵に遭遇する。2敵対しに出て行く。3対抗して置かれる。4偶然に(人か物かに)出くわす。5困難にぶつかる。6会いに行く。7あいさつのために近づく。

encounterer〔名詞（古語）〕出会った敵。

ドイツ語の辞書

マルティン・ブーバーが自伝の書名（邦訳書名は『出会い』）に使っているドイツ語の『ベゲグヌング』（"Begegnung"）を調べてみよう。木村・相良『独和辞典』新訂版（博友社、一九六三）によると、

Begegnung（名詞）１出会い。遭遇。邂逅。会見。会談。会戦。２（スポーツの）対抗。マッチ。３待遇。応対。

begegnen（自動詞と他動詞）１或人に出会う。（視線などが）会う。２一致する。３見出だす。４起こる。生ずる。５無作法（親切）な態度で接する。６或人に敵対（対抗）する。

ドゥーデンの『ドイツ語大辞典』六巻（一九七六）では次のように説明している。

Begegnung　１出会うこと。いっしょに出会うこと。〔文例〕一時的な出会いにすぎなかった。セミナーは国際的な出会いの場である。米国の広さとの出会い。２スポーツの試合。〔文例〕四回の試合はワンサイドゲームに終った。

この同じ六巻もので、動詞「ベゲグネン（begegnen）」を調べてみると、こうだ。

begegnen　１ａ何かに偶然出会う。偶然いっしょになる。ｂ何かにぶつかる。何かに出くわす。２ａある一定の所、一定の時間に現われる。ｂある人から（他人とは関係なしに）あることを体験する（不快なことがらが多い）。３ａ何かに一定の方法で振舞う。一定の方法で扱う。ｂ何かに一定の方法で反応する。あるものに一定の方法で影響を与える。一定の報復手段を講じる。

フランス語の辞書

こんどはフランス語を調べてみよう。伊吹武彦・渡辺明正・後藤敏雄・本城格・大橋保夫編『仏和大辞典』（白水社、一九八一）によると、

rencontre （女性名詞） 1 〔文章語〕場合。偶然。 2 （偶然の、または約束による）出会い。会見。 3 〔紋章〕（出会いがしらに見るような）正面からの動物の首。

rencontrer （他動詞） 1 （偶然に人に）出会う。出くわす。 2 （約束により人に）会う。会見する。 3 〔スポーツ〕（相手と）対する。ぶつかる。 4 （人と初めて）知り合う。 5 （必要な人を）見つける。探しあてる。 6 （物事に）出会う。（…を）見つける。 7 （障害物に）出会う。 8 〔狩〕（犬が獲物のにおいを）かぎつける。

『グラン・ラルース・ドゥ・ラ・ラング・フランセーズ』（リブレーリー・ラルース、一九七七）やロベールの『ディクショネール・アルファベティクー・エ・アナロジクー・ドゥ・ラ・ラング・フランセーズ』なども調べたが、あまりくどくなるのでここには書かない。

日英独仏の各国語辞典で「出会い」という単語の意味を調べてみた結果、「偶然にばったり出くわす」といったような意味しか書かれておらず、「すべての真の生は出会いである」（ブーバー）とか、「ピカソの絵との出会いが彼を変えた」という場合の「出会い」という単語の用例についてはどれにもまったく記されていないことがわかった。

ピカソの絵に出会った人は何百万人もいるが、それらの出会いとは違ってこの人の場合は何か特別の出会いを意味しているはずである。この点については、すこしあとで再び検討を加えたい。

フランス語の「出会い」の意味

国際キリスト教大学の三保元教授は、フランス語をもとにして「出会い」の意味を考えている。彼によると、フランス語の rencontre（ランコントゥル）という単語は、contre というのがもとになっており、これは、いまでは、「……に対して」とか「……に向かって」という意味であるが、もとは、十七世紀頃まで、「……の面前で」という意味に使われていた。いまでも、contre は「……のそばに」「……にくっついて」という意味の前置詞としても使われている。

だから、rencontre というのは、二人の人間が対面する、という意味なのである。

ところが、日本語の「出会い」に使われる「あう」という字は、合、会、逢、遭、遇、いずれも「あう」と読め、この「あう」は、モノとモノ、コトとコト、人と人とが一つになって、物理的にも抽象的にも距離がなくなる、という意味である。

したがって、出会うというのは、外に出て自分以外の人との距離をなくす、という意味である。川の合流点のように、二つのものが一つになるという意味であり、『竹取物語』の「男は女にあふことをす」とか、『伊勢物語』の「ついに本意のごとくあひにけり」などに見られるように、男女二人の間が結ばれる、一つになる、という意味がある。

フランス語の辞書にあったとおり、ランコントゥルには「紋章の正面向きの動物の顔」という意味があり、つまり、フランスの「出会い」は、面と面が向かい合っているのであり、二人の人が対面しているのであって、一つになるとか合うという意味が薄く、二人の人間は対面して言葉をかわしてお互いを確認する、という程度の意味しかない。

このことからわかるとおり、西欧的な人間観の基本的な考えである「自我」や「個」を変質すること、二人がいっしょになってしまうことはない。古いフランス語の encontre, contrer から派生した英語の encounter も、ほぼ同じ意味だ。

つまり、日本人にとって「出会い」は、「合う」こと、「分かち合う」「いっしょに何かをする」こと、であるのに、他方、西欧人にとって rencontre は「二人の人間が対面して言葉をかわす」

ことであって、まだ「合う」ところまでいかない段階にある。

外に出ていること

三保さんがこのように指摘した東西の微妙な差は、生活形態の異なる各民族の考えかたの違いがうかがえて面白いが、逆に東西に共通した点もあり、日本語でも英語でも「出る」という意味を含んでいる点に私は興味をひかれた。「出で会う」"to go to meet" に示されている「出る」は和洋共通の考えであり、「自分の家を出る」だけでなしに、恐らく「自分の殻を出る」「自我を空しくする」という気もちも含まれているのであろう。自我が強すぎると、せっかく人やものに出会っても何ものをも吸収できないにちがいない。

ところで、人間が存在するという意味をあらわす英語の existence はギリシャ語の existanai、ラテン語の exsistere, existere という動詞に由来しており、これは ex＝hors de＋sistere＝s'élever (……から外に出て立つ、現われる) という意味をもっている。この動詞から existentia なる名詞が生まれた。もともとは、隠れている限り存在しているかどうかよくわからないので、「外に出る」とか「現実にあらわれている」という意味が必要になったのであろうが、自己から外に出て存在自体にかかわりをもつことを「実存」という。このように、「出会い」と「存在」が同じく「外に出る」という意味を含んでいるのは興味深い。

人間はもともと、外に出ている、投げ出されているものだ、というのは実存主義の考え方であり、「『内面的』人間など存在してはいない。人間はいつでも外に、世界のなかにあり、世界のなかで自らを認識可能にし、自らを認識するのである」とメルロ＝ポンティは『知覚の現象学』で述べている。

出会いによって、人間が自分自身に出会い、自分を知ることができるようになることをメルロ＝

ポンティは述べているのである。このことについては終章でもうすこし詳しく述べよう。

現実にあらわれる「現実存在 existence」を日本語では縮めて「実存」と言いならわしているが、これは「本質存在のわくに閉じこめられていないで、本質の外に出て立つ」という意味である。ここで「本質存在」というのは個々の現実存在のどれにも共通するそのもののゆえんを指しており、人間ならば「理性の動物」というような定義で示すことのできる存在である。これに対して「現実存在」のほうは「現実に具体的に存在する個々のもの」であり、私とかあなたとか小林司といったかけがえのない一人の人間を指す。

サルトルはペーパー・ナイフを例にとって、「物品を作るばあいにはいつでも本質存在が現実存在よりも先にあるが、人間のばあいには、神による創造を認めないかぎり、それとは逆に、現実存在が本質存在にさきだつ」と述べた。

つまり、人間は各自が絶対的にそこに置かれている現実存在であって、他の人ととり替えるわけにはいかない絶対的な存在である。

このような、かけがえのない自分の存在を意識しながら、その存在のしかたを自分で選んでいく人間だけに特有の存在のしかたを実存と呼び、このような考えかたを実存主義と名づけることはご存知のとおりである。実存についてはIX章でも触れることになるので簡単に説明しておこう。

投げ出されてある不安と自由

サルトルの『嘔吐』の主人公ロカンタンは次のように述べている。

「存在するとはただ単に〈そこに在る〉ということである。存在するものが現れ、〈出会う〉ままになる、しかし決して存在するものを〈演繹(えんえき)する〉ことはできない。これを理解した人はいると私は思う。ただ彼らは必然的存在とか、自己原因とかを発明して、この偶然性を乗り越えようと試みたのであった。ところでいかなる必然的存在も存在を説明することはできない。偶然性とは消去し得る見せかけや仮象ではない。それは絶対的なものであり、それ故に完全な無償なのである。すべてが無償である。この公園も、この街も、そして私自身も。」(『嘔吐』白井浩司訳〈現代世界文学全集20〉新潮社、一六二頁)

邦訳サルトル全集『存在と無』第三巻付録の用語解説(松浪信三郎による)には実存からみた「出会い」が次のように記されている。

「**出会い、出会う**──他者の存在は、ア・プリオリに演繹される概念でもなく、蓋然的な対象でもなく、直接的な把握によってわれわれに与えられる。この直接的の把握が出会いであり、出会いは他者体験の事実である。私は、他者を認識するのではなく、他者に出会うのである。」(『存在と無』第三巻、四六二頁)

サルトルによれば、神が存在するならば本質が実存に先だってしまうから、実存が本質に先だつ限り「神は存在しない」はずだ。神が存在しないということは人間を孤独にする。絶えまない選択と決断を迫られる人生でも神に頼ることができないのである。

人間の存在は世界から切り離して考えることができず、人間ははじめから世界の中に放り出されている。

つまり、世界から離れて閉じこもれるようなわが家はどこにもないのだ。これをドイツの哲学者マルティン・ハイデッガー(一八八九〜一九七六)は「世界-内-存在」(世の-なかに-ある)ということばで示した。世のなかにあるかぎり、他人から完全に孤立した自己などはありえず、すべての人は他人とともにひとの世の中にある。

世のなかに投げ出されている自分の状態について人は不安をもち、またその世の中で企てるということについて不安になる。ひとに自ら備わっている良心が、俗世間で本来的な自己を失って酔生夢死の日常生活を送っている（頽落した）人たちに不安を目覚めさせ、人間存在（現存在）を本来的な自己を回復した存在様式、言い換えれば自覚存在、つまり実存へと変えていくのである。ハイデッガーは人間存在を「世界-内-存在」としてとらえたが、同じドイツの哲学者ヤスパースは人間存在を「状況-内-存在」としてとらえている。人間は可能性を秘めた実存として各自が独自の状況のなかに生きている。「状況」のほうが「世界」とか「環境」というよりも一層現実的であり、人間は状況によって左右されるだけのものではなくて、自由な選択と決断によって積極的に新しい状況の中に身を投げかけ、その中で自分の存在の意味をもとめていくことができる。人間が自己自身になるかならないか、自己を得るか失うか、は自分の責任にゆだねられているので、いわば無限の可能性と自由とがそこに秘められているのだ。自己が無限に自己自身にかかわることが実存の本来的なありかただとキルケゴールも述べており、そこで人間の「出会い」も意味をもってくるのである。

心と心の出会い

ところで、「邂逅」についての説明の時にも少々触れたとおり、「出会い」を「偶然の出くわし」と解釈するだけでは、不十分なように思える。

「いい友人に出会えないのは不幸だ」「新しい出会いを求めて旅に出よう」「配偶者との出会いが彼を変えた」「分裂症では人格的出会いが失われる」「出会いを大切にしよう」「聖書との出会いで彼は泥棒から足を洗った」「すべて真の生は出会いである」

右のような文における「出会い」は、単に物体としての人や物に会うことだけを意味しているのではなくて、出会いの結果おこった自己への心理的影響をも言外の意味に含めている。人間と人間との出会いというよりは、心と心の出会い、精神的「出会い」、「会って心と心が触れあった」とでもいうべきものである。

上で調べた日本語の辞書にも、外国語の辞書にも、この精神的「出会い」の意味が記載されていないのは、このような使いかたが比較的新しいことを思わせる。もし、昔からそういう意味で使われていたならば、聖書にその例があるにちがいないと思って調べてみることにした。『旧約新約聖書語句大辞典』（教文館）で「であう（出会）」を引いてみると、ヘブライ語五つ、ギリシャ語五つの合計十の別々の単語が「出会う」という意味を示す動詞として使われていることがわかる。文例は三十二個あり、「私に出会い……」「神に出会い……」「人々に出会った」などいずれも「出くわす」の意味に使われている。ただ一つの例外は、「広場では毎日そこで出会う人々を相手に……」（行伝17―17）であって、これは偶然に会うというよりも「いつものように集会をもっている」という意味であろう。しかし、いずれにしても、ここで使われている「出会う」は精神的な心の触れ合いではなくて、「人か神に会う」という意味をもっている。したがって、すくなくとも聖書が書かれた時代には「出会い」という単語に「心の触れ合いによる自己変革」の意味はなかった、と考えてよかろう。

私は言語学者でないから、これ以上単語の意味や由来を追究しないけれども、洋の東西を問わずに「出会い」という単語に「心の触れ合い」という意味が比較的最近になってつけ加えられたらしいことは興味深い。

こう見てくると、現在の日本で日常しばしば使われている「出会い」ということばは、少なくとも次のような四つの意味に使い分けられているように思う。

1　人と人、人と物が偶然に出くわす。（文例）駅へ行く途中で隣の奥さんに出会った。

2　求めている友人・恋人・妻などと偶然知り合いになる。（文例）学生時代にいい友人に出会いたいものだ。

3　人と人、人と物がともに生活することになったときの、持続的接触による精神的影響。（文例）恩師との出会いが私の職業を決めた。

4　心と心の触れあい（による自己内面の変革）。（文例）あの絵に出会った瞬間に、私は生まれかわった。一生のうちには、必ず一冊の本との出会いを経験するだろう。

ここに掲げた2、3、4の意味は、これまで調べた辞書には記されていなかったものである。

作家の栗田勇さんは「ひとつの言葉、ひとつの文も、出合いというものがある。言葉は知っていても、それが己の心のうちにはたと思いあたるのは、ほとんど偶然といっていい。（中略）その心に一閃（いっせん）の衝撃を受けたのは『一遍上人絵伝』である」（朝日新聞、一九八二年十月十九日）とか、「人生は出会いだという。なにも人に会うだけが出会いではない。胸のそこの底に、重しをつけた細い糸をそっと垂らしてゆくと、ある日、かちりと、たしかな手応（こた）えで心に響くものがある。また、悲しみや苦しみのあげくの放心のはてに、豁然と空がわれるように、真実にであうことがある」（朝日新聞、一九八二年十月二十六日）と書いている。これらも、心の出会いの例であろう。

とにかく、ここでは人が「出会う」ときは、ただ二つのものがでくわすだけではなくて、「心の出会い」という現象が起きることを理解していただければ十分である。「精神的出会い」については、この章以外にも第Ⅷ章と第Ⅸ章とでもう一度、詳しく触れることにしたい。

出会いの分類　「出会い」の意味についてはこれくらいにして、こんどは、出会いをその特性によって分類してみよう。出会いにはパンダどうしの出会いとか、川と海の出会いなどもあるのだが、ここでは人間の心が問題なので、人間が含まれる場合だけに限って考えてみると、次のように分類できる。

- ①人間どうしの出会い
  - 1血縁のあるばあい（宿命的出会い）
    - a親子の出会い
    - b兄弟姉妹の出会い
  - 2血縁のないばあい（偶然的出会い）――人間なかまとの出会い
    - a恋人
    - b師弟
    - cその他の人
- ②人と物との出会い
  - 1自然・宇宙との出会い
  - 2動物との出会い
  - 3物体との出会い
  - 4社会との出会い
- ③人と精神的存在との出会い
  - 1神仏との出会い
  - 2宗教との出会い
  - 3思想・文化との出会い

1書物との出会い
2小説との出会い
3詩歌との出会い
4絵画・写真・映画との出会い
5音楽との出会い
6その他の芸術作品（工芸品など）との出会い

④人と芸術的産物との出会い

これらの出会いは、さらに次のように分けられよう。

い　a異性／b同性
ろ　a一人（一個）／b多人数（複数個）
は　a偶然／b計画的
に　a一回だけ／b複数回
ほ　a一瞬／b長時間

他方、出会いによって精神内界の変革が起きた場合にはその起きかたによって、次の二つが考えられる。

イ｛a瞬間爆発的
　｛b長時間持続的

ロ｛a激動的
　｛b微動的

すべての出会いは、これらを組み合わせることで出会いの性質を位置づけることができるはずである。たとえば本居宣長と賀茂真淵のばあいは「①-2-b、い-b、ろ-a、は-b、に-a、ほ-b、イ-a、ロ-a」ということになる。

出会いの内面　フランスの実存哲学者ガブリエル・マルセルは、第一次世界大戦のときに、赤十字の仕事で従軍しているうちに、人間を軍隊の所属番号や経歴によってではなく、個々の具体的な一人の人間としてとらえることが大切だと感じるようになった（『人間の尊厳』）。そして、呼びかけあい、交わりつつ「あなた」と「わたし」が互いの違いを認めながらも愛の交響楽を奏でるという「出会いと交わりの哲学」を彼はうちたてて、こう書いた。

「今日にいたるまで、哲学者たちによってその重要性がまだはっきりと認められていないように思われる「出会い」についても、同じ観点（私の使命）から考えられなければならない。

われわれが、事物、もしくは単純な物的対象の領域に身を置くかぎり、出会いとは、或る二つの系列の偶然の交叉としか考えられない。しかし、ここでも忘れてならない――たとえば玉突きやクロケットで無造作にぶつかり合う二つのボールのようなものを考えるのでなく――最も充実した意味での出会いは、内面性としてのかぎりでの内面性をそなえ、決して具象化の誘惑におちいることのない存在にのみ考えられるということである。それればかりか、明らかに出会いの場には、最も日常的なものから最も高度な意味をもつものまで、すべてを包含しうる、いわば一つの全的音階が存在する。その低い方の限界、言いかえれば最も日常的なものに私が近づけばそれだけ、おそらく出会いは、より多く物的対象の交叉となる。たとえば人間について言えば、そのような出会いとは、たんに、ひじとひじとが接触したようなものである。私は毎日街頭で、あるいは地下鉄のなかで見知らぬひとびととひじが触れ合うが、このようなひじの接触は決して出会いとしては経験されない。これら見知らぬひとびとのすべては、実はわれわれがみずからを保持し、自分の道を切り開かねばならない生命的空間のなかに位置を占める、たんなる肉体として提示される。しかしこのような低い次元をのりこえるためには、客観的に言えば、何でもないちょっとした何かで十分であろう。たとえば、《失礼ですが》といった、きわめて単純な語句の調子、あるいはそれに伴うほほえみによって、突然或る一つの光明が湧きでるであろう。しかも、この光明は、知性の光明とは何ら共通するものをもたず、いわば闇のなかの光、別の言葉で言えば、われわれが手探りで進んできた孤独の道を照らす光である。

ここでさらに次のことを考えてみよう。たとえば、それから二、三日して、われわれがその微笑に感銘を受けた当の人物に、或る第三者の家、もしくは或るホテルで《偶然に》再会したとしよう。このばあいこの《再会》は、われわれにとって大きな意味をもつだろう。そのときもし誰かが、われわれにその再会を、単純な偶然の一致にすぎないと軽蔑した調子で語ったとしても、われわれはきわめてはっきりとこう考えるだろう。たとえ理論的にそのことを証明しえないとしても、そんなふうに語る人は、まだ真の実在――この実在は、偶然の一致という語が意味する物的対象だけに有効な基本的図式には決して還元されることはない――の手前にとどまっている。とは言えわれわれは、かかる出会いを、いわば神話的に説明したいと思っているのではなく、それが内面性の次元、言いかえれば『創造的発展』の次元に位置するものであることを言いたいのである。」(『存在の神秘』一四四〜一四五頁)

インドの心理学者ミカエル・A・マチャドは精神的「出会い」の特性を四つあげている。

1 二人の間の相互性
2 特定の人だけにおきるユニークな体験
3 どれ位の強さでどれ位の長時間にわたって何がおきたのか、を客観的に説明できない。
4 当事者だけの個人的関係
5 二人の人が互いの全存在をかけている。

このほかに出会いの特徴をあげてみると、人間が他者に出会う状況を自由に決めることができるということと、常に、身体性を媒介として出会いの可能性があるということ、などである。ドイツの精神科医テレンバッハは、出会いを体の最深部知覚の一種だと考え、精神的な味やにおいとでもいうべきものであって、言葉や思考による以上に人間どうしを内的に結びつけるもの、とみなしている。(『味と雰囲気』八一頁)

ここで、ほかの人たちが精神的「出会い」をどう考えているのか、をすこし紹介しておこう。

精神的「出会い」　イスラエルの哲学者マルティン・ブーバーはこう書いている。

「出会いの瞬間とは、受動的状態にある心が目ざめ、やがて至福の状態に達するという『内面的体験』を味わうことではなく、むしろ出会いという決定的瞬間において、いままでにない、まったく新しい事柄がわれわれに起る、ということなのである。このとき起る事柄は、ある場合には軽いため息のこともあろうし、他の場合には取っ組み合いのこともあろう。しかし何か新しいことが起るのは事実である。」（『孤独と愛──我と汝の問題』一六五頁）

こうして、ブーバーが言っている「出会い」というのは、単なる一つの過去の思い出のできごとではなくて、そのことがなければ今日われわれは存在しないという、現在と結びつけたことがらとして思い起こすことができる、そういう出会いである。そのときに何かが自分のなかで起こったのである。ブーバーは、さらに、こんなふうにも書いている。

「人間が最高の出会いの瞬間から出てゆくときは、これにはいってゆく以前とはまったくちがった人間になる」（『我と汝』岩波文庫版、一三六頁）

「出会いの瞬間とは、……何かが生起するということである」（同上、一三八頁）

「自己の存在の中に、以前には知らず、その原因を適切にいいあてることのできないなにものかが、つけ加えられるのである」（同上、一三八頁）

つまり、出会いによって、以前には存在しなかった何物かが自分のなかに生まれたのである。

上智大学の心理学教授である霜山徳爾さんは次のように述べている。

「人間の出会いというものは、単に出現することでもなければ、感覚器官によるあるものの知覚だけでもなく、また、突然の印象でもなく、また、誰かがそこにいることを確認することでもない。これらすべては、出会いということの前提であり得るだけである。出会いということの本質は、この根源的な存在理解の内で、私と一致しようとする『汝』すなわち、限界を知りながらもなおあたたかく、私の内面性の域を越え、おのれの内面性を私に開き示そうとする『汝』を発見することの内に存する。その『汝』は、もはや『私』にとって埋木ではない。」

（『人間性の心理学』六四頁）

心の奥での出会い

米国の心理学者クラーク・E・ムスタカスは「対決と出会い」という一文の中で、出会いについてこう書いている。

「出会いというものは、他人の生活のなかへ調和と交わりのうちに突然入っていくことが多い。それは、いっしょになった二人の人のあいだの直接的交流であり、ごく短時間で、全く未知の人どうしのこともある。だが、出会いがおきると、人間性にみちあふれた親しさと心の奥深いところをゆり動かす何かが感じられる。時には、短時間目と目を合わせただけで、他者を知ったと感じ、その人といっしょに居ることを感じ、調和の感じ、一つになった感じ、ずっと変らないという感じをもつ。主体と客体とか、自分と他人、個人と宇宙、といった二分性がどこかへ消えてしまう。出会いは、生きている交わりにかかわった二人の人のあいだの直接的なさし迫った現実であり、絶対的な関係と相互性の感じがみられる。」（"Confrontation and encounter" PP. 281–282）

三保さんは西洋の出会いが「向きあうこと」だと指摘していたが、それは昔のことで、時代とともにその傾向がうすくなり、東西の文化が混じり合って両者の差が少なくなっているのだろうか。

さらに、ムスタカスはこうも記している。

「出会いとは、創造性にみちた体験であり、あらゆる風習とかシステムは消え去って、その状況に固有の条件とか必要とされていることという意味でのある状況の現実へとびこませる。開いていること、受容的であること、関係をもっていること、が世界との出会いに際して必要な面である。注意、思考、感覚、知覚が自由に生き生きと働いている。ちらりと見ただけで、人間体験の未知の領域が創造的となり、まだ知らなかった展望がひらけてくる。心を開いていることと、関心の強さとが、重大で深刻な、魅力的で心をまどわせるものから、たわむれのはかないものにまで視界を広げるのである。」（同上、二八三頁）

「出会い」とは「他者に向かって心をひらいた時の他者との心の通い合い、人格と人格との結びつき」である、と谷口龍男さんは『出会いの哲学』の序文で定義している。

早稲田大学教授の谷口さんは「出会い」の現象に真正面からとり組んで『出会いの哲学』を書いた人である。そのきっかけになったのは、団体旅行でスイスのチューリッヒへ行ったときの一事件であったという。自由時間になって、同行者が三々五々つれだって見物に出かけていくのに谷口さんだけが一人とり残され、孤独でみじめな思いをしていた。そのときH先生が「一人で行かないで、いっしょに参りましょう」と声をかけてくれた。谷口さんは、もちろん心から嬉しくなり、喜んでいっしょに出かけた。彼はこれを一つの出会いだと考え、それから「出会い」について考えるようになった、と述べている。

谷口さんによる出会いについての考えのあらましを、次に紹介しておこう。

出会いの条件

ヤスパースが幼い頃から孤独に悩んだことについては次章で述べるが、『出会いの哲学』のなかで谷口さんは、出会いの第一条件として、その孤独をあげている。

人間は、他者によって一人投げ出されてある存在である。

「私は自己自身であるということは、孤独であることを意味する。ただしそれは、孤独の状態においては、私はまだ私自身ではない、という意味である。つまり、孤独というのは、可能的実存における交わりの準備意識であって、可能的実存というのは交わりにおいてのみ現実となるからである」とヤスパースが述べているのは孤独が出会いの条件だということを示しているのだ。

つまり、「共存をしない限りは、私が私自身になっていない」という意味である。共存を欠いたままでは、真の自己ではない。

出会いの第二条件というのは、待つことである。自分が孤独を意識すればするほど、共存への望みは大きくなり、自己と共存できる人との出会いを求めるのであるが、この出会いというのは、予測のつかない突然の出来事である。ブーバーも、「探し求めることによっては『あなた』を見出すことはできない」と述べているが、いつ出会いがきてもそれを受け容れることができるように心の準備をしておくこと、つまり、つねに心を開いて出会いの到来を待つ、ということが大切である。

ブーバーははからい心を捨てて心を開いて放下して待つことを「『わたし』と『あなた』との間のあらゆる手段や仲介物が崩れ落ちてしまったところだけに出会いがおきる」と述べている。

そして、出会いが成立するためには、他者に魅力がなければならない。そもそも、出会いが起きるためには、ある特定の他者と心が通い合えるものでなければならず、すべての人間に対して開けた心で接するようにしなければならない。そして、出会いの条件として他者に心をひかれるという場合に、その魅力というのは、美人であるかどうかといったことではなくて、他者の開けた人格の深みから出てくる力であり、その人の動作すべてがありのままであり、自然であって、やさしさがあり、他者がありのままに受け容れてくれるような態度である。そういう他者は、私のことを一人格として差別なく尊重し、愛するという態度をもっており、人間は孤独である、ということに対する深い悲しみの心が同時にあるので、深い慈悲の心が感じられる。

さらに、人間の煩悩（ぼんのう）ということをよく知っていることから出た根源的はじらいとか、慎み深い言動、心から他者のことを思い、その相手としての自覚を持って呼びかける、誠実で控え目な他者からの呼びかけに私たちが接すると、この人ならすべてを任していけるという信頼の気持ちが自然に生まれて、奥ゆかしい深い心に、強く心をひかれるようになる。

相手に対する魅力を感じて呼びかけるだけでは、出会いは成立しない。他者が私を現実に受け容れてくれなければだめである。そして、両者が互いに愛を受け容れ合うときに出会いが初めて成立し、お互いに心の通い合いが成り立つ。

出会いの成立　こういう出会いによって、他者と私は自他一体の境地になり、一つにとけ合うのである。そして、つねに私は他者のことを思い、他者を思うことが私の思いとなっている。つまり、他者が私の内に生き続けるということになる。つまり、他者は私の外に存在しているのであるけれども、じつは私の内に存在するものとなり、こうして、あなたなしでは私がなく、私なくしてあなたがないという、「わたし」と「あなた」との一体化の関係が成り立つ。

これまで孤独であった人間は、出会いによって、あなたとともにあるという喜びを感じ、一人の孤独者ではなくて「二人ともにある存在」に変わるのである。

こうして、出会いというのは、他者に向かって、自分のはからい心を捨てて、無心の開けた心になり、慈悲心という永遠の精神において、自他一つのものとしての大我になること、われに執着することのない無我になること、そういう出来事を意味している（『出会いの哲学』による）。

恵みによる出会い　ブーバーによれば、「恵みによって『あなた』とわたしが出会う。『あなた』は求めても見出せるというものではない。」（『我と汝・対話』岩波文庫版、一九頁）

谷口さんは、出会いが起きる根底には、超越者の力による必然性がはたらいており、弥陀仏(みだぶつ)があなたの姿を通してあらわれて、私を取り入れ、「あなた」に私を出会わせたのである、と考えている。自分自身の力によって出会いがおきるのではなく、超越者（神や仏）の力によるのだ、と考える点ではブーバーと谷口さんにみられるように、西洋でも日本でも共通した考えがみられるのは興味深い。

この考えは、法然に出会った親鸞にも見られる。

法然と親鸞　そもそも、法然（一一三三～一二一二）は、三十年余りも迷ったのちに中国の祖師善導の「一心に専ら弥陀の名号を念ぜよ」という一言に出会って目が覚め、「南無阿弥陀仏」をとなえる念仏者となったのであった。

そののちに親鸞（一一七三～一二六二）は、聖徳太子の告示を受けて法然に出会い、念仏門に入った。その法然との出会いを、親鸞は、如来の慈悲として生涯感謝し続けたことを、『顕浄土真実教行証文類序』という本のなかで、次のように述べている。

「爰に愚禿釈の親鸞、慶ばしい哉、西蕃・月支の聖典、東夏・日域の師釈に、遇ひ難くして今遇ふことを得たり、聞き難くして已に聞くことを得たり。真宗の教・行・証を敬信して、特に如来の恩徳の深きことを知ぬ。」

さらに、この考えを示すもっとも有名な文章を次に示しておこう。

「親鸞におきては、ただ念仏して弥陀にたすけまいらすべしと、よき人の仰せをかぶりて信ずるほかに、別の子細なきなり。」（『歎異抄』）

ここに見るとおり、「ただ念仏して弥陀にたすけまいらすべし」という法然の言葉こそ、二十九歳の親鸞が出会った衝撃の一言だったのである。この言葉によって、親鸞は長い迷いから覚めて、「雑行を捨てて本願に帰す」と『教行信証』に記したとおり、他力本願の念仏者となったのであった。

出会いに仏をみる

湯浅泰雄さんは、小論、「道元・親鸞における日本的・実存的なもの」で親鸞や道元における出会いということを考察している。これを紹介して、ブーバーによる西欧の出会いとの異同を考えてみたい。

現世における人と人との出会いのなかには、いつも、超越的人格との出会いがはたらいている、と親鸞は考えていたらしい。

「たとえ法然上人にすかされまひらせて、念仏して地獄におちたりとも、さらに後悔すべからずさうらふ」（『歎異抄』）というときに、親鸞は、法然のなかに、超越的人格である仏を見ているのである。

親鸞（西本願寺所蔵・小学館提供）

親鸞が法然に出会い、また親鸞はその弟子たちに出会う。その出会いの場にはいつも阿弥陀仏の本願がはたらいていて、現実には時間、空間に制約された世界で人間同士が出会うのであるけれども、それは、いつも、現象世界を超えた永遠の世界にある仏と世界内存在であるわれとの出会いだ、と親鸞は考えて、こう記している。

「弥陀の本願まことにおはしまさば、釈尊の説教虚言なるべからず。仏説まことにおはしまさば、善導の御釈虚言したまふべからず。善導の御釈まことならば、法然のおほせそらごとならんや。法然のおほせまことならば、親鸞がまふすむね、またもてむなしかるべからずさうらうか。」(『歎異抄』)

次に、湯浅さんは、道元の場合を見ている。『正法眼蔵』の「嗣書の巻」で道元は、「仏仏、かならず仏に嗣法し、祖祖かならず祖祖に嗣法する、これ証契なり、これ単伝なり、このゆえに無上菩提なり」と言っている。

法を伝える師と弟子との出会いは仏と仏との出会いである。わたしはあなたにおいて、あなたはわたしにおいて、仏を見るのである。(ここで単伝というのは、仏心の通りになったときのことだ。衛藤即応によると、これは能所一体、つまりわたしとあなたの一体化を意味している。)

親鸞の場合には、煩悩と罪の意識があるから、出会いというのをせんじ詰めると「わたしは仏において生きる」というかたちをとるのであるが、道元のいう単伝というのは、「わたしは仏であり、あなたは仏であり、わたしはあなたである」という状態である。

こういうふうに微妙な違いがあるけれども、親鸞においても道元においても共通していえることは、現実世界におけるわたしとあなたの出会いの底には、いつも、「わたしと超越的存在としての仏との出会い」がはたらいている、という点であろう。

現世における人と人との出会いから生まれるさまざまな迷いは、超越的な人格との出会いを通じて浄化される、というのが仏教の思想なのであった。

主体と客体との対立

人が仏に出会ったときには、それがはたして仏と呼べるものであるか、信じてよいのか、あるいは、信じてはならないものを信じているのであろうか、という迷いが生じる。そして、わたしはいつもあなたを客体として見てしまう。自分が主体で相手が客体だというふうに考えるのは人間の宿命であるが、客体として見た場合の仏はすでに相対的なものであって、絶対的な超越者ではない。

人間と人間との場合でも事情は同じであって、わたしとあなたとの関係は、いつも、自己と他者との関係である。あなたはわたしにとって他なるものであり、客体である。そして、客体である限りは隠れた面をもっていて、すべてをあらわにしていないから、現世における人と人との出会いは、いつも、それが真の出会いであるかどうかという疑問にさらされる。

ところが、わたしが客体に対する主体であることをやめたとき、いいかえれば、あなたを客体として見るのをやめたときに、わたしのなかにあるすべてがあなたにあらわれ、あなたのなかにあるすべてがわたしにあらわれて、もはや隠された何ものもなくなったときにはじめて、わたしはあなたにほんとうに出会うのである。つまり、主体と客体の関係を捨てることのできない「世界-内-存在」として人間が負うている身体性の制約を抜け出て、自他一体の境地になる。それは、わたしの心とあなたの心が完全に触れ合って一つになる境地である。

こうした出会いの状態を、空海は「彼の身即ち是れ此の身、此の身即ち是れ彼の身、仏身即ち是れ衆生の身、衆生の身即ち是れ仏身なり」と述べている。

この人格の出会いにおいて、主体、客体の対立の論理を徹底的に排するという密教の思考態度は親鸞に受け継がれており、自力の思いをもって自己意識をもつ限りは、主体とか客体とかの論理を捨てることができないから、そこに啓示される仏は客体としての仏になってしまう、というのだ。真の出会いというのは、むしろ自己が空になったときの空の人格としての仏との出会いでなければならない、というのである。

道元の場合は、座禅をして自受用三昧の境地になると、これは、いまただちに絶対的な仏の境界に身をおくということになり、空の人格の状態である。つまり、それは、主体、客体が対立する論理によって世界をみる、という制約を脱することであって、そのときに人と人との真の出会いが起こり、単伝が現前する。

こう考えてくると、道元の出会いの場合も、親鸞の出会いの場合も、空の人格化という密教的な思考様式を継いでおり、実存的な出会いにおいて主体と客体の対立を厳しく拒んでいる日本的、実存的な思考様式の特徴がみられる。

以上のように湯浅泰雄さんは述べている。

ブーバーの『我と汝』に記された「出会い」を読んでみると、

「本質を同じくする神と人間は、つねに真の一対であり、根源関係の二つの担い手である。」

(『我と汝・対話』一〇七頁)

「生きた現実には、存在の一如などはあり得ない。」(同上、一一一頁)

「神はわたしの〈自己〉を包む。しかし、神は〈自己〉ではない。」(同上、一一九頁)

などとあって、なるほど「ランコントゥル」の意味から三保さんも鋭く指摘していたとおり、神への対面はあるが、神があなた自身になったり、わたし自身になったりすることはありえないのである。ここに、出会いに対する東西の考え方の根本的な相違が認められるように思う。

Ⅲ　友人に出会えない悩み

孤独と交わり

この章では、「出会い」を、まず第二の意味（求めている友人・恋人・妻などと偶然知り合いになる）に解釈することから出発して、友人のもちかたについて考えてみよう。

二十世紀は不安の時代だといわれる。ドイツの文化哲学者オズワルド・シュペングラー（一八八〇〜一九三六）は『西欧の没落』を書いて、ヨーロッパ文明の没落は必然的だと主張した。第一次大戦は戦争を終わらせるための最後の戦争だ、といわれていたけれども、わずか二十年後に第二次世界大戦が起こってしまい、前の第一次大戦の何倍もの負傷者を出し、四千万人もの人が亡くなった。じつに、全世界の人口の五分の四が戦争にまき込まれ、しかも、第二次大戦が終わったあとは、世界のうえを核爆弾の不安が新しく覆うことになった。

フランスの哲学者ガブリエル・マルセル（一八八九〜一九七三）は、その『存在と所有』の中でこう書いている。

「技術が勝利を占める世界は、欲求と恐怖とが支配する世界である。なぜなら、何らかの欲求もしくは恐怖に奉仕しない技術はないからである。希望の特徴は、いかなる技術も直接に希望をつくり出すことはできないし、技術の助けによって希望をつくることができないところにあるのではなかろうか。

人びとは、本当に人間らしい生活と独立した存在とへの欲求、機械的世界の束縛を抜け出ようとする欲求、一個の人間として独立した自己を再発見することの欲求、にあえいでいる。これらが現代の大きな特徴である。」（『存在と所有』七四〜七五頁）

そして、地球の人口は、三十年で二倍になるというほど、どんどん、増加の一途を辿って、路上には人びとがあふれている。しかし、それぞれの人はお互いに心を開かないので、みんなが孤独感に襲われており、イギリスの詩人T・S・エリオット（一八八八〜一九六五）が「砂漠はあなたの隣りの地下鉄のなかにも押し込まれている。砂漠はまたあなたの同胞の心のなかにある」と歌ったとおり、孤独なる群衆は心の平安と、希望と、交わりとを真剣に求めているのだ。

不安と恐怖

ここで、不安や恐怖がどんな時におきるかを生後二年目から五年目の子どもを使って調べてみると、やかましい音、高い場所、見知らぬ人、見知らぬものや状況、動物、痛みなどであり、一人でいるよりもおとなといたほうがこわがらない、という証拠がたくさんある。

このことは動物でも同じで、もの音や、刺激や、環境が突然変化した場合とか、暗闇、見知らぬ人とか出来事に対しては恐怖的な行動をとるのであって、危険が増える場合に不安反応を示す。これは防御本能からきていると思われる。

そこで、動物から人類が進化した過程を想像してみると、一人でいる場合に危険性がひじょうに大きかったはずであるから、当然のことに、単独を避けようとし、出会いによって信頼できる仲間をもちたがり、もし仲間を失った際には恐怖の反応を示すものと思われる。

小さいときに親を亡くしたり親から切り離されたりすれば自信がなくなったり、慢性的な不安をもち、抑うつ、冷淡さ、反抗的な独立などという片寄った性格に育ってしまうことは推察できよう。したがって、信頼でき、励ましてくれるような人と交流をすれば、ほかの人を信頼し、自分をも信頼する、自信をもつように育っていく。

ところで、人は、どう逃れようもない孤独に悩むことがある。言葉が通じない外国へ一人きりで旅行した場合、難聴が起きて耳が聞こえなくなった場合、船が遭難してボートで漂流していく場合、感覚遮断の実験をするために地面の中深くに穴を掘って、まっ暗闇で音も聞こえないところに人を入れておく場合、あるいは、幻覚発現薬ＬＳＤを飲んだ場合、死刑囚が独房に入れられている場合、ガンになった患者の死期が近づいて病室に横たわっている場合、そういったものを、島崎敏樹は『孤独の世界』という本の中で、孤独の例としてあげている。

現代生活で孤独を生みだす最大の原因は疎外だ、といわれて久しい。

孤独を生みだす疎外

マルクスは、この孤独を生みだす、疎外された労働について次のように述べている。

疎外された労働は、労働者の活動の外化、すなわち、労働の成果が自分に属さず、自分から切り離され、疎遠な対象に転化するかたちであらわれる。労働者は、労働の外部ではじめて自分のもとにあると感じ、労働のなかでは自分の外にあると感じる。こうした人間疎外は現代社会の特徴であって、人間を非人間化し、余暇、消費、娯楽などの私生活における疎外も、労働における疎外と直接、間接のつながりを持って、人間をいっそう孤独にしている。

米国の社会心理学者Ｍ・シーマンは、疎外を個人的な点から問題にして、無力性、無意味性、無批判、孤立、自己疎隔の五つに分析している。

また、精神分析学者のエーリッヒ・フロム（一九〇〇〜八〇）は『正気の社会』の中で、

「疎外とは、人間が自分自身を例外者（エイリアン）として経験する経験様式を意味する。人間が自分自身から遠ざかってしまったことだ、といってよい。人間は、自分自身を、世界の中心だとか、自分の行為の創造者として経験するのではなく、かれの行為と、その結果が主人公となり、人間はこれに服従するか、それを崇拝しかねないことになる。」（一四二頁）

と述べている。

こうした疎外がきわめて一般化した現代社会においては、この疎外を克服する方法が人間の心を救う方法として問題になるのは当然である。

ヤスパースは、現代人の疎外のあらわれとして、人間の平均化、自由の喪失、孤独、機械的労働における人間性喪失、などをあげており、これらを回復させることができるのは他者との心の交わりではなかろうか。人間疎外によって攻撃性があらわれてくるとか、あるいは自我同一性（アイデンティティ）が失われるとか、あるいは性の疎外が起きるとかいう現象があらわになってきており、ユングが、心の補償作用として、「疎外したものを取り戻して全体性を回復しよう」と主張しているように、私たちは、これらのゆがめられた人間性を取り戻して、人間らしい人間、ありのままの人間を回復しなければならない。

精神分析学者のサリバンは、人間に大切なのは本能を満足させることと安心感を得ることである、と述べているけれども、孤独に悩む人間が安心感を得るのは、出会いによる他者との共存の喜びによるほかないのである。

孤独から出会いへ

エーリッヒ・フロムは、「人間は孤独であると同時に、たがいにかかわり合って生きている」（『人間における自由』六二頁）と言った。「人」という字は二人の人間が互いにもたれかかって立っている姿を象徴している。出会いが人びとを感動させるのは、このかかわり合い、もたれ合いをもたらすからにほかならない。人間は、いつも「出会い」を待ち望んでいる動物であるとも言えよう。「袖触れ合うも多生の縁」はこの気持ちを示す言葉だ。

ある雑誌に、若いOLが、「いつも自分の心の支えになっている言葉」という一文を書いていた。そのOLの上司が「人間は出会いを大切にするんだよ」と言ってくれたことについてである。何も説明をつけずに、たったひとこと、それだけを言ってくれた。その言葉でさえもが心の支えになっているのであるから、ほんとうの出会いがあったらどんなに力強い支えになることであろうか。

大学のカウンセラー室に座っていると、たくさんの学生が相談にくるけれども、一番多いのは、人間関係の悩みであり、友だちができない、表面的なつき合いはできても親友ができない、心の友に出会えない、といった訴えで、他者とうちとけにくい自分の性格を直したいという相談が大部分である。こういう学生に対しては、私は三つのことを話すようにしている。

一つは、「裸になれ」ということだ。友だちと会話を交すときに、自分を実際以上によく見せかけようとしていては、ほんとうの友だちはできない。背が小さいのに高く見せようとして高下駄をいつもこっそりはいているのでは、そのうちに疲れてしまう。

たとえば、頭もよくない、金もない、という人が自分をよく見せかけたいと思って、頭もいいし金持のように振舞って友だちとつき合ったとしよう。一回や二回はごまかしがきくかもしれないけれども、三回、四回と重なるうちには化けの皮がはがれるし、無理がたたって実際上のつき合いを続けることは不可能となるであろう。米国のイリノイ大学心理学教授であるO・H・マウラーは「秘密の中にこそ真のあなたの姿がある」という論文の中で、もし我々が罪を隠し徳をみせびらかすなら、「我々は常に弱味を感じ、心配で、不安で、罪悪感を感ずるであろうが、逆に、素直に心を開けば、我々はますます強く自信をもって精神的に健康になるであろう」(『疎外と実存的対話』一七一頁)と書いている。道元は「ただわが身をも心をも、放ち忘れて仏の家に投げ入れよ」と書いている。

自信をもって心を開く

頭もよくないし金もないけれども、誰だって一つぐらいはいいところがある。そういういいところを発見してくれて、「そんな君とぜひともつき合いたい」といってもらえる相手、つまり、自分を正当に評価してくれる相手とつき合うことが、真の友人を発見する最良の方法である。そのためには、やはり、自分がはだかになって、ありのままの自分、あるがままの自分をさらけ出して、「こんな私でよければ」というふうに自信をもって心を開かなくては、友だちがいつまでたってもできないであろう。「花開くとき蝶来る」(良寛)だ。

そして、マルセルもいっているように、自分が心を開かなければ相手が心を開くはずがない。すぐあとに記すように、ヤスパースにエルンストが近づいていったときには、あけっぴろげで、自分がユダヤ人だという劣等感などはまるで忘れたように、つき合いを求めていった。その態度に押されて、内気で孤独なヤスパースも胸を開いていった、という過程には、学ぶべきものがある。

もう一つのアドヴァイスは、失敗を恐れるな、ということだ。失恋を恐れていては永久に恋することはできないし、嫌われることを恐れている限り友人をつくることはできない。

チェーホフは「あなたが孤独を恐れるならば、結婚すべきでない」と言ったが、出会いについても同じことが言えよう。別れを恐れていては出会いがかなえられまい。「会うは別れのはじめ」と言うではないか。そもそも人間は本来無一物だったのである。出会いの喜びを味わいたいと思うならば、必ずおきるはずの別れの悲しみを余裕をもって噛みしめるだけのゆとりをもつべきであろう。

「出会いの喜びも別離の悲しみも、ひとしく善いものである。真の友情の存在しないところには、出会いも別れもないからだ」とシモーヌ・ヴェイユも書いている。

まず、友人を自分の方へ招くためには、招きを放つものが謙遜でなければならない。高慢な人は存在的な招きをなすことができない。謙遜な人だけがおのれを開いて友人を招き入れることができるのである。

ところが、自分の話を良心的に聞いてくれたとしても、応じてくれない人がいる。私を迎え入れてくれないのである。ある種の聞き方は拒否を意味している。こういう場合には、私のせっかくの招きも投げ返された、と感じてしまう。

その逆に、ある種の聞き方は自己を与える方法であり、存在の証明である。現存というのは、「わたし」の友が「わたし」といっしょにいると感じさせる、簡単にいいあらわすことのできない関係なのである。私たち人間が存在に到るには、これに到る道を歩まなければならない。この存在に到る道は人によって異なっているし、そのうえ、この道は私たちが受ける招きによって決定されるのである。

そもそも、人間は一人だけでは成り立たないのであって、人間に出会う諸々のものによってはじめて実存する。人間は、主体とか客体とかを超越した存在であって、世界のほうへ踏み出したものとして現存しており、それが現存在と呼ばれるゆえんである。

映画『野性の証明』や『海峡』の主演男優である高倉健さんは「人との出会いを大事にして作品を選びます。その人に自分の人生の何分の一かを預けるのです。ご一緒に仕事をしたい、そう思う監督さんと組むのです。」（『朝日新聞』一九八三年六月八日夕刊九頁）と述べている。

失敗を恐れずに友をつくる

友人に自分の人生の何分の一かを預けるくらいのつもりになって、失敗を恐れずに友人をつくりたいものだ。

第三のアドヴァイスは、つき合いの知恵をもてということだ。下宿から学校へ通ってきて、教室に座って黙ったままノートをとって、そして、学校が終わると、まっすぐに帰ってしまう、というのでは、いつまでたっても友だちなどできるはずはないのだ。たとえば、ノートを借りて、お礼にお茶を一緒に飲もうと誘ってみるだけの知恵がほしい。ほほえみだけでも道がひらける例を前にあげたマルセルの文章が示していたことを思い出してほしい。友だちと話をするときには適当な話題を用意しておいて、両方とも沈黙して気まずい空気が流れることを避ける、といった、ある程度のつき合いのテクニックといったものが必要であろう。そのためには話題が豊富な人間にならなければならない。

それはなにも難しいことではなくて、毎日たんねんに新聞を読むとか、あるいは、『朝日新聞』の「天声人語」を暗記するぐらい憶えておく。そうすれば、一カ月それを続けただけで、少なくとも話題が三十近くは蓄積されるはずである。こうした努力をしないでおいて、ただ漫然と学校へ通い、あるいは、壁の花のように教室の隅に座っているだけで、棚からぼたもちのように友だちが降

ってくる、自分の前に友情が降ってくるのを手をつかねて待っているとすれば、それは見果てぬ夢にすぎないのである、

出会い上手になる法　レポーターの山谷えり子さんが、「友達手帖」という題で、出会い上手になる法というのを書いている。おもしろいのでちょっと紹介してみよう。

山谷さんの友だちに、マチコちゃんという女の子がいる。小学校の先生で、取りたてて美人ともいえず、セクシーでもなく、特に話がうまいともいえないごく普通の女性であるが、いつも三、四十人のボーイ・フレンドを抱えている。

どうしてそんなにたくさんの友だちに恵まれているかというと、彼女がマメであるからというので〝ビーンズ・マチコ〟というあだ名がついているらしい。彼女はひじょうにマメなたちで、地域の読書会とコーラスの会に所属し、日曜の朝はジョギングをし、学生時代の友だちを訪ね回ってボーイ・フレンドと出会う機会をいつも開拓している。友人が結婚したということを知ると、プレゼントを持って訪ねていって夫とも知り合いになり、ジョギングをしながらも仲間をつくっていく。

そして、ガール・フレンドの数はもっとたくさんいて、一年に二、三回、近所の小さなレストランを借り切って「マチコのパーティ」というものを開く。ボーナスをほとんどこのパーティにつぎ込んでいる。同じ一生ならたくさんの人間と知り合いにならなきゃ損という哲学をもって、ただ純粋に自分の世界を拡げよう、豊かな人間関係で自分をシェイプ・アップしよう、というつもりらしい。

そして、初対面の男性には趣味や好きな食べ物を聞いて書きとめておいて、いっしょにどこかへ食べにいったりする。

それから、趣味別のパーティを開いて、食いしん坊大会を開き、子ブタの丸焼きを食べたり、あ

るいは、魚釣りのうまい人とドライブの好きな人を組み合わせて磯釣り大会を開いたりする。また、テレメイト（電話友達）やレターメイト（文通友達）を大事にする。

こうして、友達手帖にそういう趣味とか特徴などをメモしておいて、力もちの人には引越しのときに手伝ってもらうとか、そんなふうにしてつき合っているらしい。

最初に出会ったときにはそれほどいい男でなくても、長くつき合っていくうちで少しずついい男になっていくし、自分のほうもそれによっていい女になっていく、そんな出会いを山谷さんはマチコちゃんから学んだのであった。

出会い型人間　横浜国立大学の心理学教授である依田明さんは、「出会い型人間」ということを説明している。

積極的に他人に出会って、出会った人との間に良好な人間関係を続けていき、楽しい人生を送る、そういう人を彼は「出会い型人間」と呼ぶ。明朗でやさしくてあかるい人、ほほえみを絶やさず、いきいきとした表情を保つ人、会話をするとき相手の目を見て相手の視線をとらえながら話す人、知的好奇心に富んだ人、たくさんの語彙を身につけて楽しい会話をできる人、それにはユーモアのセンスを磨くこと、話題が豊富であること、その場の雰囲気をうまくつかむこと、相手が自分に期待していることを感じとること、思いやりのあること、相手の立場で考えること――要約するとこういった条件を満たす人が、「出会い型人間」であるらしい。

依田さんは、十五項目をあげて、あてはまる項目の数が多いほど、積極的な「出会い型人間」といえる、と述べている。次にその十五項目を紹介しておこう。

1　友だちからお茶やお酒を飲みにいこうと誘われる。

2 相談に乗ってほしいといわれる。
3 新年会や忘年会の幹事に選ばれる。
4 いつもほがらかね、といわれる。
5 表情が豊かな人といわれる。
6 何でも見てやろう、何でもやってみようと思う。
7 あなたが会話に加わると座の雰囲気が盛りあがる。
8 ユーモアのセンスがある。
9 よく他人からからかわれる。
10 他人が期待していることがよくわかる。
11 礼儀正しい人といわれる。
12 よく気がきくといわれる。
13 聞き上手だといわれる。
14 約束をキチンと守る人だといわれる。
15 言葉づかいがキチンとしているといわれる。

（「PHP」一九八一年六月増刊号、一〇四頁）

こうして「出会い型人間」になって友だちが増えていき、そのなかから仮りに恋人らしいものができたときに、自分は、その異性の友だちを恋しているのか、あるいは単なる友だちなのかわからなくなってしまって、どうしてその区別をしたらいいのかということで相談にくる学生もいる。そういう場合に私はこう答えている。

「話もしないし、特別おもしろいこともなくても、ただいっしょにいるというだけで幸福感に満たされれば、それは愛しているということであり、恋をしていると判断して間違いはないのです」と。「二人の男が一人の女といっしょに居て楽しかったというとき、それは会話が面白かったということではないのです」と、サミュエル・ジョンソンも述べているではないか。

最大の幸福はよき「出会い」

漫画家で詩人のやなせたかしさんは、詩をつくった。

心と心がふれ合って
何んにもいわずにわかること
ただそれだけの喜びが
人生至上の幸福さ

（「PHP」一九七六年一月号、七八頁）

この詩は、ある写真家のエッセイを読んだあとでつくられたものである。

そのエッセイには、長い間人生を生きてきて、結局、最大の幸福はよき「出会い」であるということがわかった、と書いてあったのだ。

それを読んだとき、やなせさんは、目の上のウロコが落ちたような、迷いがさめたような気持ちがしたという。

しかし、幸福そうな恋人どうしが結婚して夫婦になり、何年も生活を共にしたのちに、二人でいっしょに座っているだけでも幸福感に包まれる、という状態がはたして永続きするかどうか、そういう夫婦がはたして何組あるか、ということになると、これははなはだ悲観的な見方をせざるを得ない。米国では夫婦二組のうち一組が離婚するというし、高度成長で疎外が著しくなった日本でも離婚率は急上昇し、結婚五組に離婚一組の割合だという。「見つめることも、話を交わすことも、いっしょに暮らすことをも奪われるなら、恋の感情は消え去ってしまう」とエピクロス（前三四二〜二七一）も言っている。

実存的交わり

ドイツの哲学者カール・ヤスパース（一八八三〜一九六九）は少年時代から孤独に悩んでおり、その悩みが深いほど真の交わりを求めずにいられなかった。この体験をもとにして、彼はのちに「孤独は、可能的実存において交わりを待つ意識である。交わりにおいてのみ可能的実存は現実となる」と述べ、自己自身になろうとする人間にとって交わりの可能性があることこそ重要なのだと考えた。真の交わり、つまり実存的交わりを明らかにしようとしたヤスパースは、みにくい闘争による世界分裂の危機を交わりへの意志によってのりこえさせようと考えた。

ヤスパースは自己における交わりの孤独から出発して、他者との交わりへと迫っていくところに真理をさぐろうとしたのだ。

彼は『理性と実存』という著書で「交わり」を「現存在的交わり」と「実存的交わり」とに二分類し、前者をさらに次の三つに分けている。

1　「現存在の交わり」とは素朴な人間の現存在が本来の自己意識をもたずに、共同体の中にとけこんでいるありきたりの社会である。

2　「意識一般の交わり」とは、自我自身と他者とを意識する人間の悟性的な発展段階においてなりたつ交わりである。

3　「精神の交わり」とは、各個人が、自己の存在の本来的意義を、あの全体から得ているのだという自覚のもとに結び合わされている交わりである。

これらにおいて、個人の完全な独自性が否定されているのとは違って、「実存的交わり」は、そのような否定を越えて、独自の歴史的な自己存在としての、実存と実存との自由な交わりを実現しようとする。交わりにおいてはじめて自己を実現することができるのであり、自己は相互に創造しあうのである。余すところのない公明性、権力や優越性を排除すること、他者の自己存在と自己の自己存在とを要件とする「愛の闘争」によって、自分自身の実存と他者の実存とが現実のものとなり、比類のない連帯性が生まれる、と彼は述べている。

しかし、人間相互の間で、真の交わりはきわめて稀であり、それを維持するのはほとんど不可能だということをマルセルの戯曲はにおわせている。

一人では私は何者でもない

「私は他人とともにのみ実存する。一人では、私は何者でもない。」(ヤスパース『序説』二七頁)

ヤスパースにとって、他者との交わりは哲学者の究極の願いである。「ニーチェは交わりの意志をもっていたにもかかわらず他者の存在を目ざさなかったので、真の交わりをもてなかったのだ」とヤスパースは言う。「交わりは信仰の対象であって、知の対象ではない。ひとはそれを自分で所有した時、すでにそれを失ったのだ」という言葉が、ヤスパースのいう「交わり」の内容をもっともよく示している。

ところで、ヤスパースにおける妻ゲルトルートとの出会いはどのようなものであったのかを次に見たいと思う。

一九〇七年、二十四歳のときに、カール・ヤスパースは、医学部最後の学年に在学していた。そして、夏学期だけ、同期で同年齢のユダヤ人学生エルンスト・マイヤーとハイデルベルグでいっしょに学ぶことになった。

そして、エルンストは、孤独だったヤスパースに対して見慣れない珍しいドイツ人の学生だという印象を抱きつつ、積極的に近づいていく。そして、まったくあけっ放しの行為と誠実をもって接していったので、ヤスパースのほうも、知らず知らずのうちに心を開いてこれに応じる結果になってしまい、二人は親友になったのである。

夏休みの終わりに、エルンストはハイデルベルグを去ってほかの大学へ移ることになるのだが、それに先だって、七月十四日に、ヤスパースを、四歳年長の自分の姉ゲルトルートのもとへ連れていって紹介した。エルンストは、ゲルトルートに「ちょっと普通と違った学生と知り合いになったから、ぜひ、姉さんも知り合いになってほしい」と、かねてから頼んであった。しかし、ちょうど、ゲルトルートはいろいろな事情で精神的に落ち込んでいたときで、あらためて新しい友だちをつくるのは億劫だと訴えて、知り合うのをズルズルと引き延ばしており、学期末になってやっと、ヤスパースと会うことにしたのであった。

落ち込んだ原因は、九歳のときに姉がジフテリアで死んでから、近親者の死が何回も起こり、さらに、最初の女友だちが二十歳のときに死に、同じ頃に妹が慢性の進行性の精神病にかかって隔離されてしまった。そして、幼友だちで哲学上の友人で詩人のワルター・カレが自殺をし、別の友人夫妻が結核で死んだ。

そして、人生に疑いを抱いて哲学を勉強しようと考え、大学へ入学するためにギムナジウムの卒業資格試験を受ける勉強をしていた頃であった。

ヤスパースと妻ゲルトルート(『ヤスパース』理想社)

恋人との出会い

そこへヤスパースが突然に現われたのである。このときの出会いの感激をヤスパースはこう書いている。「私が彼女の弟と一緒に初めて彼女の部屋へ入った時、この瞬間は私にとって忘れることはできない。彼女は大きな机に向かって坐っていたが、部屋に入った私たちに背を向けたまま立ち上がり、ゆっくりと本を閉じてから、私たちのほうに向きなおった。私の眼は彼女の一挙手一投足を逃さず追ったが、彼女の挙動は装う風もなく、型にはまっているでもなく、落着いた明るさのうちに、無意識にも彼女の魂のこの上なく清純なあり方、すなわち魂の気高さを表出して余りないと思われた。私たちはずっと以前から知り合っていたかのように、談話はたちまち人生の大問題に及んだが、それが少しも不思議の念を起こさせなかった。最初の瞬間からして私どもの間には、名状しがたい、決してありうべきことと予期されなかったような共感が鳴り響いたのであった」「私は若い頃に幾人かの少女に魅せられたことはあったが、私にはすでに決められていて、その人に誠実を守らねばならぬような私の妻を、彼女と出会わぬとしても、すでに知っているかのような気にしばしばなった。——いつでもそこから抑制が生じた。生の歓びが早まって感激しても、それはまだ現実のものへの飛躍ではなかった。一九〇七年私が二十四歳の時、突如一切は変わった。われわれは出会ったのである」「以前に結ばれていた二人の人間同士が出会ったかのようであった。」（重田英世『ヤスパース』一三八頁）

こうして二人は度々会うことになり、約一カ月のちには夏休みなのに、ヤスパースは帰郷もしないで、両親にゲルトルートのことを報告している。そして、八月のうちには早くも婚約が決まっていた。

のちに、ナチスの圧迫によってヤスパースは大学を追われることになるが、それは、妻ゲルトルートがユダヤ人であったからである。しかしながら、ヤスパースとゲルトルートの愛情は、そうした弾圧にもかかわらず、いささかも変わることなく、「いっしょに死のう」と誓い合って、ついに最後まで手を取り合ってナチスの弾圧をくぐり抜け、ドイツの敗戦を迎えるに至ったのである。この、ゲルトルートとの出会いが、ヤスパースの「交わり」の哲学を形成したといえるかもしれない。

Ⅳ　親と子の出会い

この章では、「出会い」を第三の意味「人と人、人と物がともに生活することになったときの、持続的接触による精神的影響」と解釈して話をすすめよう。この意味でのいい「出会い」をもつためには、赤ちゃんが母親といい出会いをしなければならないし、その母親を手始めとしての社会との出会いに不安を抱かせてはならない。

子どもと母親との結合

人間の愛情による結合のうちでもっとも強いのは母親と子どもの結合であることは誰でも知っているけれども、これがどうして起きるのかということは、長い間わからないままであった。ところが、オーストリアの動物行動学者コンラッド・ローレンツ（一九〇三〜）をはじめとする一群の学者による行動研究によって、まずはじめに、鳥によるインプリンティング（刷りこみ）の実験が行われて、子どもと母親の結合が、動物ではどうして起きるかということが、ある程度はっきりしてきた。

インプリンティングというのは、たとえばニワトリのヒナの場合に、卵がふ化してかえってからある一定の時間（十五時間ぐらい）に、何か大きな動いているものが自分の近くにあると、それが脳のなかに焼きついてしまって、それにくっついて歩く習慣ができてしまう。

五、六年前に、科学映画のコンクールがあって、そのときに見た映画を私はいまでも思い出す。ニワトリのヒナを生まれてすぐに暗い茶筒のなかに入れて何も見えないようにしておいて、十四、五時間たってからそこから出し、電池で動くオモチャの汽車を見せると、そのヒナはずっとその汽車のあとばかり追いかけることに熱中しており、ほんとうの母親があとから現れても、見向きもしないようになる。

それから、別のヒナで同じような実験をしてみる。こんどはすこし水素が入った赤い風船を部屋のなかにただよわせておいて、扇風機で風を当ててやると、ヒナは、その赤い風船がかなり大きくて動くので、それのあとを追うように習慣がついてしまう。

こういうふうに、必ずしも母親のあとでなくても、生まれてから最初に自分の目に入った何か大きな動くもののあとを追うようになるのがインプリティングである。

しかし、そういうことがわかるまでは、人と人との結びつきを心理学者が説明するのに食べ物とかセックスを動機だとして説明してきた。

つまり、母親が子どもに食べ物を与えるから母親になつくのである、とか、男女がお互いにひかれるのは性欲があるからだ、と説明したのであるが、こまかく調べてみるとそういう説明では不十分であることがわかってきた。

食べ物を与えられなくても、鳥ばかりではなく哺乳類でも、母親に子どもは愛着するし、おとな同士の結合も、べつに、性的な関係を必ず伴っているとは限らない、ということが明らかになっている。幼い動物が近づくのは、親しみのある特定の刺激の方へであって、見慣れない刺激を避ける傾向を本能的にもっていて、このことから愛情結合が発生することが最近わかってきた。ラマーズ法の出産で、出生直後の赤ちゃんを母親の腹の上に寝かせて皮膚を接触させるのも意味があるのだ。

ここで、人間の接触行動というのがひじょうに重要な意味をもっている、ということを示す動物実験を紹介しよう。

二つの母親模型

一九五八年に、米国の心理学者ハリー・フレデリック・ハーロウ（一九〇五〜）は、次のような実験をした（『愛のなりたち』）。

赤毛ザルの赤ちゃんを入れてあるオリの横へ小さな部屋を取り付けて、その中へ、縫いぐるみでつくった母親ザルの模型と、針金製の母親ザルの模型を、それぞれ一つずつ入れておく。実験には、生まれたばかりの赤ん坊ザルをぜんぶで八匹使い、そのうちの四匹は縫いぐるみのほうからミルクが飲めるようにミルクびんを仕掛けておき、針金模型からはミルクが出ないようにした。残りの四匹については、これと逆に、縫いぐるみからはミルクが出ないで、針金の模型からミルクが出るようにした。

この両方を見ていると、どちらのサルも、乳房があるほうの模型に抱きつけるようになれば、すぐに、必要なミルクをすべてそこから飲むようになった。つまり、針金ザルであろうと、縫いぐるみザルであろうと、ミルクがあるほうからミルクを飲むようになった。

針金の模型からミルクを飲んだ子ザルたちは、だいたい生まれて二十日ぐらいすると、もう、ミルクを飲んでいる以外のときは、なるべく、ミルクは出ないけれども、あたたかい縫いぐるみの母親の模型のほうへ抱きついている、ということが多くなっていく。

一方、縫いぐるみからミルクが出る母親に抱きついていた子ザルも、遊び半分に、針金ザル、つまり、ミルクが出ない針金ザルに抱きつく時間が、一日のうち多少はある。これをさっきのグループと比べてみると、とにかく、針金のサルには、ミルクが出ても出なくてもほとんど変わらないぐらい、ごく短時間抱きついているだけであって、縫いぐるみのサルのほうには、ミルクが出ても出なくても、かなり長時間抱きついているということがわかった。

つまり、赤ちゃんザルが抱きつくのは、ミルクが出るから抱きつくということではなくて、むしろ、縫いぐるみというふうな、あたたかい、ふわふわとした感じが好きでそっちへ抱きついている、というふうに考えなければ説明がつかない。

温度が関係していて、あたたかいほうにサルが抱きつきにいくのではないかという疑問をたしかめるために、針金のほうの母親にはヒーターをつけてあたたかくし、その横には冷たい布製の模型を置いた。

四匹の赤ん坊ザルで調べてみると、生後しばらくの間はあたたかい針金のほうを好むことがわかったけれども、生後二十日もすると、あたたかい針金のほうを捨てて冷たい縫いぐるみのほうを好むようになったのである。つまり、温度の影響は思ったより少ない、ということがわかった。

同じく布製と針金製の母親模型を与えておいて、おそろしい怪物を見せたときに子ザルがどちらの模型にすがりつくかを調べた実験でも、授乳装置の有無にかかわらず、とにかく布製の模型のほうへとんで逃げるのであった。生後二カ月の赤ん坊ザルで八十パーセントが布製にすがりつくという。

大切なスキンシップ

サルと人間の赤ちゃんを同一に論じていいかどうかはわからないけれども、とにかく、少なくとも赤ちゃんの間は、ふわふわとした皮膚と皮膚との感じ、つまり、スキンシップがひじょうに大切な条件になっているといえよう。これは、おそらく、高等動物の本質的な性格であると思われるので、たとえ成長したあとでも、なでてもらうとか、握手するとか、肩を叩くとか、そういう接触というものが、人間同士を結びつける、理解し合う、といった面でひじょうに重要な意味をもっているようだ。

大段智亮（おおだんともあき）『人間関係』（四六〜四七頁）にこんな話がのっている。『中世年代記』という本に書かれているらしいが、ほんとうにあったことかどうかわからないと大段さんも断っている。

神聖ローマ帝国の皇帝フリードリッヒ二世（一一九四〜一二五四）は、人類の言語の起源を確かめたいと思って、一つの実験を行った。人間の言葉をいっさい聞かずに育った子は、人類の根元語を話すに違いない、と思ったから、皇帝は生まれたばかりで捨てられた赤ちゃんを何人か選んで、保母や看護婦に養育させることにし、そのとき赤ちゃんに話しかけたり、あやしたり、機嫌をとったり、愛撫したりしては絶対にいけないと厳命した。入浴や食事など生命維持に必要なことはもちろん許したが、人間的接触を禁じたのである。

この実験の結果は出なかった。なぜなら、実験に使われた赤ちゃんたちがあまり大きくならないうちに全員死んでしまったからである。愛情や人間的出会いがないと、人間は生きることができないのである。

以上の各実験から見れば、食べ物とかセックスとかというのは、愛着行動にとって必ずしも必要な条件ではないことがわかる。

つまり、愛着行動というのは、好ましくて強くて利口である、というふうに見える固体へ接近して、その接近関係を維持する行動を意味するのかもしれない。愛着行動を詳しく調べたのは英国の児童精神分析学者ジョン・ボウルビイ（一九〇七〜）であり、以下に彼の研究を紹介していきたい。

赤ん坊と違って、年をとると、こういう行動があらわれてくる頻度や強さが減ってくるけれども、病気のときや困難に遭ったとき、あるいは心配しているときなどには、このような傾向があらわになる。

愛着行動の発達

愛着行動は、普通は一人あるいは少数の特定の個人に向けられて、しかも幼児期の愛着行動はなかなか放棄されずに、いつまでも残っているのであるが、青年期になると、幼児期の愛着が弱まって、新しい愛着行動がそれを補うようになる。

そして、人間にとって激しい感情の動きというのは、愛着形成とか、愛着の喪失とか、の場合に起きる場合が多い。たとえば、恋愛が成功すれば有頂天になって陽気になるし、失恋したり、愛する人が死んだりしたときは不安とか悲哀とかを感じる。

人間の場合は、生後九カ月の間にしだいに愛着行動が発達してきて、三歳の終わり頃までは愛着行動がひじょうに簡単に起きる。おもにその子どもを養ってくれる人を愛着の対象とするのであるが、三歳の終わりを過ぎると、愛着行動がだんだん不活発になってくる。

愛着の対象は、配偶者とか親とか子どもとかであるが、そういう愛着対象を持たない子どもは根なし草であって、ひじょうに孤独であり、探索行動に出かけることもできない。

人は、孤独になると仲間を探す傾向をもっており、仲間が得られない場合は危険だと感じて恐怖反応を本能的におこす。したがって、自分が望んでいないのに別れなければならないばあい、たとえば死に別れなどから不安が起きるのは、まったく正常な反応である。

子どもがほかの人と感情的な結びつきをつくっている能力を正常に伸ばせないのは、両親が役割を十分に果たしていないからであることが多い。子どもに心理的安定の基盤を与えていない場合や、その基盤から探索に出かけるような勇気づけを子どもに与えていない場合が考えられる。そして、親は、子どもの愛着行動に直感的共感的に理解を示して、それを満たしてやり、子どもの愛着行動を満足させてやる気持ちがなければならない。子どもが親に対して怒る一般的な原因は、愛情や世話がいき届かないことに対する欲求不満であるし、子どもが不安を持つのは、親がいつまでもいっしょにいてくれるかどうか不確かなときである。

そして、子どもが、外部との接触を探索して、自分の友だちやほかのおとなとの関係をしだいに拡げていくことを、尊重してやる必要がある。こういうふうに子どもを育てると、安定して自己を信頼し、他人を信頼し、協力的で、ほかの人に役立とうというおとなに育っていくのである。

愛着対象を失う不安　自分の愛着対象を失うことを恐れるあまり、いつも不安のなかに生きているような子供は、次のような場合にできる。

1　親が子どもをけなしたり拒否すること
2　子育てが途切れて病院や施設に入れること
3　親が子どもをもう愛さないぞといっておどかすこと
4　親が家庭を見捨てるぞといっておどかすこと
5　一方の親が他方の親を見捨てるぞとおどかすこと
6　親の病気が「子どものせいで起きた」などと言って子どもに罪悪感を感じさせること

こんな親が育てると、子どもの良心が過剰に働いて罪悪感にさいなまれたり、子どもの怒りをひき起こしたりする。しかもその怒りを表出することを禁じてしまうので、無意識のなかにうらみがこもり、成人しても親以外の、たとえば夫とか子どもとかいった愛着対象にそのうらみを向けることが多い。

そして、こういう人は、愛情や支持を求める、ひじょうに強い無意識の欲求を抱いており、それを、自殺未遂とか、食欲がなくなるとか、心気症（体の一部が病気だと思いこむ）にかかるといった、異常なかたちで示すことがある。また、これとは逆に、ほかの人の愛情や手助けを求めようとせず、どんなに絶望的な状況になっても自分一人だけで頑張って、すべてのことをやり遂げようという強迫的な自己信頼ともいうべき愛着行動のパターンを示す人も、以上に述べたような不安的愛着を起こす人と同じような経験をしてきているのである。

つまり、ほかの人を頼ろうとすることに対して恐れを感じているのであって、拒否されるのがこわいのだ。また、もし自分が頼れば、ほかの人から頼られる場合にも断れなくなることを恐れているのである。

もう一つの愛着パターンとしては、強迫的な世話焼きというのがあり、相手が望もうと望むまいと世話を焼くのであって、こういう人は、幼いときに、母親が子どもの世話をしなかった場合、あるいは「弟妹の世話をしなさい」と命令しすぎた場合である。

小さいときからそういうふうに育てられると、「自分が感情的な結びつきをほかの人と保つためには、いつも、自分が世話を焼いていなければならない」と思い込んでしまう。この場合にも、自分を世話してくれなかった親に対する潜在的な怒りがあるし、その欲求を表わすことに大きな不安と罪悪感とを感じているのである。

こうして、子どもの頃、自分を十分に愛してくれなかった人に対する怒りをもっているということを本人に認識させたり、あるいは、もっと世話してほしかったという願いが自分にある、ということを本人に認めさせてあげることが、ほんとうの自己を発見する道につながっている。逆に、甘やかされすぎて育ったために他人への配慮が欠ける場合などについても、同様なことが言えよう。

精神療法家の役割

強迫的な世話焼きタイプの人の場合、世話を焼いていた相手が死んだりすると、ひじょうな罪悪感を感じ、不安や絶望、悲哀を抱いて、自己非難というかたちをとることになって、正常な人間関係を回復するのが難しくなる。ガントリップという精神科医は一九七五年に、精神療法（心理療法）家の仕事をこういうふうに述べている。

「私が思うに、治療者の仕事は、深く抑圧され、外傷を受けた子どもと接触する、信頼のできる、思いやりのある人間関係を与えることです。そうすることによって、患者は、人間の形成期初期に受けた外傷的残渣が意識ににじみ出る、あるいは意識のなかへ噴出してきても、より安定した新しい本当の関係のなかで生活できるように徐々になるのです。」（『ボウルビイ母子関係入門』二一九頁）

愛されたいとか、世話をされたいという気持は、子どもだけではなくて、おとなにとっても必要な要素であって、すべてのおとなにそういう要求があらわれるし、病気だとか困ったときにはそういう要求が強まる、ということを忘れてはならない。「自分のために、時間とか愛情とか理解をもっと与えてほしい」と親にはたらきかけたにもかかわらず、拒絶とか罰の行動を繰り返して受けた子どもは大きくなってから、絶望したり、無力感に陥ったりしやすいのである。

人間というのは、何か困難が起きたときに助けてくれそうな、信頼をおける人が自分の周りにいるときに一番幸福であるし、自分のもっている能力を発揮できるものである。

ここで信頼のできる人間というのは、「愛着対象」とボウルビイが呼んでいる人間であって、いっしょにいるだけでも相手に安心を与えるのである。

安心と信頼

人間がだんだん成長する場合に、人格に影響を及ぼす二つのことがある。一つは、それぞれの成長段階で、安心を与えてくれるような信頼できる人がいるかどうか、ということ。もう一つは、自分をほかの人が信頼してくれるかどうか、そして、安心のよすがとして自分を利用してくれるかどうかを見分けて、その人間とお互いに助け合うという関係を続けることができる能力があるかどうか、である。

こうして子ども時代に体験した家族関係のパターンが、その人間の人格形成、あるいは、人格の発達にひじょうに重要な影響を与える。

必要な場合に他人を信頼できるという能力と、だれに頼るのが一番いいかということを探せる能力が人間には必要であるし、そういう人とお互いに助け合う関係を結んでいっしょに働ける能力が必要である。これとは逆に、与えられるものに満足ができない場合は、自分もまたほかの人に何かを与えることができない。たとえば、妊娠をしている間、あるいは産褥期間に、他人を信頼できない母親は、子どもにも安心感を与えることができないのである。そして、安心のよりどころがないと、不安とか、怒りとか、悲しみとか、嘆きとかが起こってくる。

自分を信頼することができるし、また、ほかの人に援助を依頼したり、ほかの人を利用したりするという、バランスをうまくとっている人間が、よく適応できる人間であり、こういう人は、幼いときにいつも、支持とか勇気づけを両親から受けて育った例が多い。つまり、安定した家族の基盤があると、そこで育った子どもは社会でも歓迎され、ほかの人たちと円滑に交わっていくことができるのである。

子ども時代には、母親といるとひじょうに安心を感じるし、父親にも同一化を感じて、両親が責任や関心を分け合って自分を愛してくれている、というふうに子どもが思っている、そういう幸福で平和な家庭に育った子どもが大きくなると、適当なリーダーシップをもった、社会の働き手として将来を約束されているような人間になり、親密で深い人間的交流をできる人物に育つのである。

エインスワースは、母親のそばから探索行動に出かけてときどき母親のところへ戻ってくる子どもの行動を観察していた。ひじょうに愛着されていて、

子どもを無視しないということ

情動が安定した母親をもっている乳幼児は、八カ月までにこういう行動を示すのであるけれども、もし、母親がいないときには、こういった探索行動がずっと減ったり、なくなったりすることを彼は発見した（ボウルビイ『母子関係入門』一五五頁）。

十五カ月から二歳六カ月くらいまでの子どもでこのことを観察しても、同じような結果が得られる。探索行動に活発に出かける子どもの母親を見ると、子どもを受け容れ、子どもに協力し、子どもを無視しない、という特徴をもっている。子どもの信号をいつも正しく受けとめて、速やかに適切に反応してあげる母親がいると、子どもは、親密な接触を母親と保ち続けながら、自由に、また、自信をもって動き回ることができるのである。

こういう母親をもつと、要求が多すぎる不幸な子どもに育つことはまずない。こうして、探索行動に出かける安心のよりどころを子どもに与えるような両親は、親を信頼する気持ちをもたせるとともに、子どもに自信を抱かせるのである。

信頼と自信

このように、ほかの人を信頼することと自信をもつことは逆のことではなくて、互いに相補う一つの現象なのである。近づくことを許してくれるかどうか確かでな

く、困ったときでもイヤイヤ助けるようだとか、場合によっては敵対行動をとる、というふうな母親を持った子どもは、他人を信頼しにくく、自信をもちにくい人間に育ってしまう可能性が濃い。

以上のことを、ボウルビイは長期にわたる彼の研究のなかで発見したのであったが、これは、おとなの場合の人間と人間との出会いの意味を考えるうえで、たいへん参考になる。

つまり、いい出会いを持つことのできる人は、小さいときにいい愛着対象をもっていて、いい母親に育てられた人であろう。逆に悪い母親に育てられたために、幼時の愛着対象に欲求不満をもっている場合には、それをカヴァーするために、かわいがってほしいという欲求を満たすためだけにがむしゃらに利己的な出会いを求める、という傾向に陥りやすいのである。

「おしおき症候群」

母親と子どもの出会いというのは、一種の宿命的なものであり、子どものほうでは母親を大勢のなかから一人だけ選び出すというわけにはいかないから、特殊な出会いの関係ということができる。

こんな母親と子どもとの間には、どんな場合にでも自然に強いつながりができるように思われてきたけれども、けっしてそうではないことが、最近わかってきた。

つまり「被虐待児症候群」あるいは「おしおき症候群」（バッタード・チャイルド・シンドローム）が最近話題になっており、母親が自分の子どもを殴ったりいじめたりして、体の各所にたくさんの骨折を起こすとか、外傷を負わせるとかいう例が案外多いことがわかったのである。

普通は三歳以下の幼児で、骨折していることが多く、また、皮膚の表面にひっかき傷とか叩いたあととかの傷あとがたくさん見られ、しかも医者に連れて行っても、その傷の原因を親がはっきり言わないのでそれとわかるのである（フォンタナ、二七三四頁）。

そして、こういう親は、いくつかの病院を転々と訪問して回る。つまり、第一の骨折のときA病院へ行けば、第二の骨折のときにまたA病院へ行くわけにもいかないのでB病院へ行く、というぐあいである。さらに、傷を受けてから病院へくるまでに時間がかかりすぎている。子どものケガに対して、両親がオロオロしないという不自然な態度、親がアルコール中毒だったり、あるいは薬物依存症だったり、ひどく貧乏だったり、というふうなことを総合して、子どもが何もいわなくても、これはどうも幼児打撲症候群ではないか、と考えて診断をつけるのだ。

こういう傷を受けた子ども五十例を調べたピッツバーグ市の例では、その六十パーセントまでが生後九カ月以内であり、ロスアンゼルス市の十二例では全部が三歳半以下の幼児であった。一九六二年に雑誌に報告された六六二例を調べた研究によると、五十六パーセントが四歳以下である。ニューヨーク市では、三十三例のうち二十八パーセントが一歳以下、四十一パーセントが一歳から五歳の間、二十三パーセントが五歳から十歳までの間で、残りの八パーセントが十歳以上であった。そして、年齢が幼いほど傷害の程度が重いということもわかった。

幼児を虐待するのは、男親よりも女親のほうに多く、虐待者の八十パーセントが子どもと同居している。報告にのっている子どもたちの八十パーセント以上は、両親ないしはそれに代わる人と同居していて、残りの約二十パーセントが片親と暮らしている。そして、子どもを可愛がらなかった母親の平均年齢は二十六歳前後であって、父親は三十歳前後である。

離婚、知恵遅れ、何回も繰り返す精神病、失業なども、幼児虐待を起こす一つの原因になっている。

虐げられた子の未来

ピッツバーグ大学の調査によると、幼いときに自分の両親から虐待された子どもたちは、思春期になってから、その多くが精神障害を起こす。米国の精神分析家カール・メニンガーは、こう言っている。「すべての犯罪者は、愛されず、そして、正当に扱われなかった子どもたちのなれの果てである」と。一九六三年にクルティスも「虐待された子どもたちは、あすの殺人犯あるいは虐待者になるであろう」と述べた。

彼らは、両親に対して敵意を抱くだけではなくて、社会全体に対しても強い敵意をもっている。ダンカンが六人の男の殺人犯を調査したところ、全員が中流家庭の出で、社会的には問題のない家庭だったにもかかわらず、そのうち四人までが、幼いときに、片親が黙認している目の前で、もう一人の親に残酷な取り扱いを受けたことがわかった。

イーストンとスタインヒルバーが一九六一年に研究した八例の非行少年では、その二例までが、やはり、幼児期に、親から毎日毎日、残虐な取り扱いを受けていた。

子どもを虐待する親をよく調べてみると、赤ちゃんが未熟児で生まれており、保育器に入れられてしまった赤ちゃんに母親が数カ月も接触できずにいた、というふうなケースが多いことがわかってきた。ラ・マーズ（出産）法のように分娩直後に、しかも十分長い間、母親がまだ裸のままの赤ちゃんを抱くことができるような機会を与えると、ふしぎなことに、赤ちゃんも安心するように見えるし、母親が自分の子どもに対する母性的な感情をもちやすく、育児行動も豊かになるということが最近になってわかってきた。

日本では、「おしおき症候群」の症例はあまり多く知られていないけれども、コイン・ロッカーへの捨て子とか、逆に、子どものほうが母親に暴力を振るうという例があり、こうした症例では、乳児期の育てかたがどうだったか、ということを調べてみる必要もあろう。

親と子の絆

一九八二年の十一月に、日本生命財団が主催して、「親と子の絆（きずな）」というシンポジウムを開いた。そのときに招いた海外の専門家の一人であるタンザニアから来たJ・グッダル女史はイギリス人行動学者であって、二十三年間にわたって研究したチンパンジーの家族には、父親がいなくて、母親中心の家族をつくること、そして、母親と子との絆がないと子どもが育たない、ということを示した。

ハーバード大学の小児科医であるT・ブラゼルトン博士は、母と子の絆が、母親と子どもとの相互作用でできあがるものであって、胎児期と新生児の時期と、それから出生後四カ月までの各期間にそれができる、ということを示した（小林登、一六二頁）。

生まれたばかりの赤ちゃんでも、母親が語りかけたりすると反応することができるのであって、母親がそのことを知れば、この絆が一層強いものになる。

そして、乳児は、母親に対するときと父親に対するときとでは、明らかに異なった反応を示し母親との間には、父親とは別のもっと強い絆が存在することをあきらかにしている。

対象関係論

次に、精神分析の流れの一つである対象関係論について述べよう。

対象関係論というのは、人間の主観的な体験のなかでの自我と対象との間の関係を研究する学問であって、外的な人物としての他者つまり外的対象と、自己の精神内界に形成される

内的対象との間で発展する内的対象関係が成長とともにどう発達していくかを考察することをいう。対象関係論とは、

「まず幼児－母親関係、その後の不特定の人間との内的・外的な対人関係の発達が、一対のあるいは二極的な精神内界表象（自己イメージと対象イメージ）の形成に反映されていることを強調する、精神分析的メタ心理学の研究である。これはまた、対人的体験を保持する心の構造や、これらの精神内界構造と、心理・社会的環境の中での本能欲求の表出の全般的変遷との相互作用についての包括的理論、を意味している。」（カーンバーグ『対象関係論とその臨床』四五～四六頁、一部改訳）

ここでいう「対象」とは「人間対象」「他者との関係」を指している。

対象関係論を研究したのは、メラニー・クラインをはじめとして、R・フェアベーン（一八八九～一九六四）、D・ウィニコット、H・ガントリップ（一九〇一～一九七五）などである。

メラニー・クライン（一八八二～一九六〇）は、ウィーンに生まれ、ブダペストでフィレンツィに、のちベルリンでカール・アブラハム（一八七七～一九二五）に師事した精神分析学者であり、一九二五年からイギリスに住んだ。彼女は、幼児の心性に注目して、そのナゾを解くカギが、フロイトの言ったリビドーではなくて攻撃衝動にあることを発見した。のちに、この衝動を「羨望」と言い換えており、母と子の関係を通じて示される羨望が、精神病とか性格障害にあとでかかわってくるのだ、という説を唱えた。

乳児は、まず最初に親に対して、それ以後はすべての人に対して、自我と対象とのあいだの葛藤を経験し、それに適応していかなければならない。したがって、人間の本性は対象関係であるとみ

なすところから、クラインの理論を対象関係論というのである。

最初の対象世界としての母親のイメージが形成されていくありさまを、子どもの遊びを通してクラインは読み取り、それと羨望との関係や、複雑な心理機構をあきらかにしたのであった。子どもの、予想外に豊かな無意識的幻想と感情とを含んでいる内的生活では、自我と「よい対象」「悪い対象」との関係のなかで心が発達していく。さいわいにもよい対象をもてば精神的に安定するが、悪い対象の場合には被害的、攻撃的になる、ということをクラインはあきらかにした。

このように、子どもが母親という対象に出会って、その母親しだいによって、自分がよくも悪くもつくられていくということは、「出会い」によって自分がつくられていくことの典型的なモデルである、といわなければならない。

こうして、子どもは、生まれてからまず母親、さらに父親、もう少し大きくなるとほかの家族、学校友だちなどと、各年齢相応にしだいに拡がっていく対人関係をもち、その関係のなかで相手との同一化を重ねていって、自我を形成していく。

こういう発達を続けていく自己意識（自分とはこれこれの人間である、という意識）をエリック・エリクソン（一九〇二〜）は「自己同一性（アイデンティティ）」と名づけ、自我の統合機能を「エゴ・アイデンティティ」と呼んでいる。青年期になってもこの自己同一性を確立できない場合を、エリクソンは「同一性拡散の状態」と呼び、どれに同一化してよいかなかなか決心できずにいるのを「同一性決定のモラトリアム（猶予期間）」と呼んでいる。最近激増している思春期食欲不振症や大学生無気力症（ステューデント・アパシー）は、モラトリアムのあらわれだといわれており、こういうふうに、幼児がしだいに成人になるまでの間の各段階での出会いの失敗が自己をつくり損ねることにつながる、という点はひじょうに興味深い。

V　会うは別れのはじめ

出会いの一回性

『また逢う日まで』という映画があった。ロマン・ロランの『ピエルとリュース』の翻案で、岡田英次と久我美子が主演しており、有名なガラス戸に隔てられた接吻の美しいシーンが忘れられない。たしか、応召して戦場へかり出されていく学生と恋人という設定になっていたように記憶しているが、いずれにしても、戦争が終われば幸運ならもう一度逢えるかもしれないという望みを二人はほとんどもちえないのであった。原作でも恋人たちは戦争で殺されてしまうのであるが、この「また逢う日まで」は恐ろしい反語である。

しかし西欧ではどうやら事情がすこし違うようだ。一回きりの逢う瀬だと思えば、次のような讃美歌四〇五番（旧四四一番）の別れの歌は書かれないであろう。

かみともにいまして
　ゆく道を守り
あめの御糧（みかて）もて
　ちからをあたえませ
また会う日まで
また会う日まで
かみのまもり

汝が身を離れざれ

（日本基督教団『讃美歌』一九五四年版）

日本語では「さよなら」とか「ごきげんよう」をどんな別れの時でも区別しないで使うが、英語では違うようだ。

またすぐに会える人と別れるときは「グッド・バイ」を、もう再び会えそうもないときには「アデュー」を使え、と英会話の授業で習った。ドイツ語でもまた会える時は「アウフ・ヴィーダーゼーエン（また逢うときまで）」と言うし、フランス語では「オー・ルヴォアール（また逢う日まで）」だ。永の別れには独・仏ともに「アデュー」を使うようだ。この区別ある挨拶をエスペラントでは「ジス・ラ・レヴィードー（また逢うときまで）」と「アディーアウ」と言う。強制収容所の入口で恋人どうしが右と左に分けられるとき「アデュー」と言って互いの眼を見詰め合うシーンがあった。その映画を見た時は私も若くてまだこの言葉の区別を知らなかったが、あとで思い出してみると、彼らは自分の運命を覚悟していたのだなあとわかって、涙をそそられたことであった。

それはともかくとして、「アデュー」以外のときには「もう一度逢える」ことを暗に期待していることが挨拶にあらわれている。

『方丈記』巻頭の一文にも暗示されているように、この人に会うのも今日只今の一回かぎりで、あとは再び会えるかどうかわからないという気持ちが日本人の心の奥底に流れているように思える。これは、戦国時代の不安定な世の中で、明日殺されるかもしれぬつかの間に茶の湯を楽しんだ武将たちが「一期一会」と心得た影響が今なお色濃く残っているのだろうか。

千利休の高弟の山上宗二が、茶道の極意として門弟に与えた記録である『山上宗二記』にも「常の茶の湯なりとも、路地へ入るより出るまで、一期に一度の会のように……」という文章があるそ彦根の藩主で桜田門の変で亡くなった井伊直弼であろう。彼が書いた茶の湯についての著書に、『茶湯一会集』がある。うだが、「一期一会」という言葉をひろめたのは、この書物の序文で、井伊直弼は次のように述べている。

「この書は、茶の湯の一会の始終、主客の心得をくわしくあらわすなり。ゆえに、題号を一会集という。なお、一会に深き主意あり。そもそも、茶の湯の交会は、一期一会といいて、たとえば、幾度も同じ主客と交会するも、今日の会に再びかえらざることを思えば、実に、われ一世一度の会なり。さるにより、主人は万事に心を配り、いささかも粗末なきよう深切実意を尽くし、客もまたこの会にまた会い難きことをわきまえ、亭主の趣向、何ひとつもおろそかならぬを感心し、実意をもって交わるべきなり。これを一期一会という。」

この要点は、きょうのお茶の会は、たとえ同じ主人と同じ客がまたくることがあるとしても、きょうの茶の湯の会というのは、もう二度とない出来事であるから、一生に一度の会なのである。だから、そのことをよく心得て、主人もいろいろと気を配るし、客も主人のいき届いた気持ちに感心して全力を尽くし、お互いにきょうの茶会をすばらしいものにするべきである、という意味である。

「別れ」とは何か

「出会い」の逆は「別れ」である。「別れ」の意味が明確になれば、「出会い」の意味もまた湧き出してこよう。

「別れ」の影響を詳しく調べたのもボウルビイなので、この章ではおもに彼による研究を紹介していきたい。

おとなの別れももちろん重要であるけれども、もっともわかりやすい例の一つとして、まず子どものときの別れについて述べることから始めよう。

ボウルビイの研究

最初の出会いの相手である母親と小さい頃に別れるという体験がどんな影響を及ぼすかは、出会いを考えるうえでたいへん参考になるのでボウルビイの研究をやや詳しく紹介しておこう。

赤ん坊は、生後半年ぐらいから生後三年目ぐらいまでに、母親に対してひじょうな愛着を示すものである。一歳の誕生日を過ぎると、母親だけではなくて、父親とかおばあさんのようなほかの人物にも愛着を示すようになるので、母親ただ一人に愛着するというわけではないし、三歳の誕生日を過ぎると子どもの愛着行動は多少弱まってくる。

生後十五カ月から三十カ月たった子どもが、もし母親から引き離されると、一定の行動をとる。これは三段階に分かれていて、第一は抗議期、第二が絶望期、第三が離脱期である。

抗議期には、母親が戻ってくることを子どもが要求して泣いたり叫んだり怒ったりすることがだいたい数日続くが、あとはずっと静かになる。しかし、この静かな時期にもまだ、母親が戻ってくることを信じて、母親に憧れており、母親に心を奪われたままでいる。

しかし、この希望がしだいに失われていくと、子どもは絶望期に入り、絶望と希望が入りまじって複雑な様相を示す。第三段階の離脱期に入ると、まるで母親を忘れてしまったような状態になって、母親が会いにきても無関心であり、母親を何者であるかわかっていないように見えることさえある。

この三つの段階に共通しているのは、子どもが破壊行動を起こしたり、カンシャクを爆発させたりすることだ。

こうしてしばらく母親と離されていたのちに母親が戻ってきた場合には、母親と一緒になっても、一時間とかあるいは数日の間、無反応の時期があって、そのあとではひじょうに強い愛着を示し、母親にひじょうにしっこくまとわりつく。もしも母親が少しでも姿を消すと、ものすごい不安と怒りをひき起こすので、数週間ないしは数カ月の間、母親は子どもからほとんど離れることができなくなる。

しかし、六カ月以上も離れたままだと、子どもは永久に離脱状態のままになってしまって、母親への愛情が回復しない場合がある。

こうして、母親を失った場合には、悲哀（モーニング）が子どものなかに起きて、失った人を取り戻そうとしたり、あるいは、自分を見捨てた人間を責めたりする。したがって、病院とか施設に移されたときに小さい子どもが示す反応は、悲哀のあらわれと考えられよう。

一歳と二歳の子どもが母親を失った場合を養護施設で観察してみると、失った母親を求めて、少なくとも数週間の間、母親の帰還を待っていることを、泣いたり、それ以外の方法でも示して、ひじょうにはっきりした悲しみを表わす。三歳二カ月の男の子の場合は「泣かずにいないともうお母さんはこないよ」といわれたために泣くのをやめたけれども、だれかがいると、すぐ、何回もうなずいてみせたり、あるいは「お母さんがやってきて自分にオーバーを着せてうちに連れて帰ってくれるのだ」とほかの人に話し、ほかの人がもしもそれを信じないようなふりをすると、ひじょうに激しく泣き出すのであった。

そして、うなずきが強迫症状のようになって、それから、自分にオーバーを着せてお母さんがうちに連れて帰ってくれるという話は、オーバーだけではなくて、帽子をかぶせてズボンをはかせてくれるというふうに、絶え間なくリストが増えていった。それを話すのをやめなさいと言うと、口では言わなくなったけれども、くちびるが動いて、自分に何回もそういうことを言い聞かせていることがわかった。そして、帽子をかぶったり、コートを着たり、ジッパーを上げたりするしぐさをするようになった。ほかの子どもたちがオモチャやゲームで遊んでいるときにも、ひじょうに無関心で、部屋のすみに立ったまま悲劇的な表情を浮かべて、手や指で、帽子をかぶったりする動作を続けていた。これは、アンナ・フロイトとバーリンガムが、一九四二年に報告した例である。

別の施設にいる子どもで、二歳半のときと四歳のときに母親を亡くした二人の子どもの場合には、亡くなった親がいつかは戻ってくる、という期待が、多少とも、彼らの意識のレベルに長い間続いているようだった。

これをサルで実験してみると、一週間前後、母親ザルから子どもを隔離してみると、分離した期間は子ザルが著しく不活発になるが、一週間後にまた母親のもとへ戻すと、以前よりはずっと母親にまとわりついて、探索行動に出なくなり、臆病になることがわかった。つまり、サルの場合でも、一定期間、母親から離れると、分離期間中に抗議と抑うつとが起きて、分離がなくなったあとでも分離不安がひじょうに増強されるのである。

「別れ」の突発

別れがつらいのは一つの物体を失うことが惜しいのではなくて、心と心のふれ合いがなくなることの寂しさに耐えきれないからである。

人との別れは、思いもよらないときに突然起きることがある。レインの『自己と他者』（二〇四頁）にはこんな例が出ている。

七歳になる少年が、ペンを盗んだと疑われて父親に叱られた。それは無実の罪だったので、少年はそれを訴えたけれども信用されなかった。そのうちに、少年が実際に盗みはしなかったことがわかって、母親がこのことを子どもに伝えたけれども、父親にはそれを話さずにおいて、母親は子どもに言った。「おいで、お母さんにキスしてごらん、仲直りしましょう。」

それまでは母親だって自分のことを泥棒扱いしていたのに、こんな事情でキスをするのはおかしい、と彼は感じた。母親のところへいってキスをしたい、という気持ちはがまんできないほど強かったが、そんな気持ちが心のなかにあるので、とうとう、いかないでしまった。

すると、母親が、「いいわ、お前がお母さんを愛していないんなら、私はこれから出かけなければならないところなのよ」と言って部屋を出ていってしまった。

この事件が、少年にとっては、母親との「別れ」であった。部屋がぐるぐる回るような気がして、急にすべてのものが違ったふうに見え、部屋や自分を初めて見るような気がして、母親にすがりたい気持ちは消えてしまい、なにか、新しい世界にひとりぼっちで入っていったような気がした。この母親はほんとうに自分と血がつながっていないのではないか、と疑問を抱き、この事件を、自分の人生における決定的なものと考えたのであった。

この例の子どもは七歳だが、もっと小さな、生まれてまもない赤ちゃんでさえも、母親との別れが大きな心の傷を与えることがわかっている。この本でもしばしば引用したガブリエル・マルセルは四歳の時に母を失い、それによって早くから実存的な考えを抱いたのであった。ダンテやパスカルも幼いときに片親を失っている。

まだ小さいときに、赤ん坊を母親から長い間引き離しておくと、大きくなってから心理的な異常が起きる。

さらに、母親がいないとか、子どもを放っておいたり、可愛がらずに拒否したりすると、子どもの成長が遅くなり、自閉的な行動が目立ってきて、知恵遅れになる。

乳児院で、人手が足りない場合とか、あるいは頻繁に係りが交代するような場合には、たとえ伝染病の予防などが十分に行われていても発育の遅れが起こる。しかし、この同じ子どもでも、十分にめんどうをみたり、養子に出したりして、環境を変えてやると発育が著しく改善される。

ゴールドファルブは一九五五年にこんな研究を発表した。思春期の子どもたちの二つのグループがあって、第一のグループは、三歳まで養護施設に入れられており、その後里親に養われることになった組である。第二のグループは、初めから里親にずっと養われていた組である。この二つのグループの里親の状態は、両方のグループともほぼ同じようであった。

思春期になったときにこの二つのグループを比較してみると、三歳まで養護施設にいた組のほうが知能指数が低くて、学校の成績も悪く、社交性も劣っている、ということがあきらかになった。

ところが、一九五六年にボウルビイが発表したところによると、結核のために幼児期に家族から隔離された子どもの場合には、そういった心理的な障害が起きないのである。

そこで、隔離された先の取り扱いとか、あるいは家族から引き離された原因とか、入院中に両親がしばしば見舞いにくるかどうか、または見舞いにきたときの態度などというものが、子供に反映するのだろうと推定されている。

一九六六年にスキールスが研究したところによると、養護施設の二十五人の子どもたちのうち十三人を、実験のために引き離して、年をとった知恵遅れの女親がいる家に里子に出してみた。二年後に両方のグループの知能指数を調べてみると、里子に出したほうの組は、里子に出る前の平均が六四・三だったのに、里子になってからは九一・八に上昇していた。しかし、養護施設に残ったほうの組は、最初、八六・七あったのに、二年後には六〇・五に低下していた。

里子に出された十三人のうち十一人は養子になった。さらにその三年後に測ってみると、養子に入った組は、知能指数が九五・九になっていたが、養護施設に残った組は六六・一であった。

その後の追跡調査によると、里子の十三人は全員独立して社会生活を営んでおり、そのうち十一人は結婚して正常な子どもをつくっている。ところが、養護施設に残された十二人のほうは、学校の成績も悪くて、一人は思春期に死に、一人は精神病院に、また、四人が知恵遅れ用の施設に入っており、三人は失業中で、二人が雑役工をしており、ただ一人だけが熟練工になれた。

この実験群に使った費用は、子ども一人当たりわずか一千ドルであったけれども、養護施設に残った組については、一人当たり七千ドルから二万四千ドルずつが必要になっている。国家の経済という観点ひとつからみても、幼児の愛情に包まれた育てかたに力を入れるべきであろう。

ただしこの研究は三十年も前のものなので、これをそのまま現代の社会にあてはめるわけにはいかない。現在の施設は児童に心理的な傷が残らないような配慮がされているはずである。

家庭のあたたかさと、親またはそれに代わる者が児童を愛情深く育てることとの重要さを指摘している点でこのゴールドファルブの実験も意義はあるだろう。しかし、施設の子どもを勝手に里子に出したり、養子にしてみたりというのは児童の人権無視もはなはだしく、実験方法についても納得できない点が多い。

愛情不足によって起きた成長の遅れとか、あるいは情緒障害、または知能の遅れ、などという障害は、ふつうは脳の器質的（組織構造的）な変化に基づいていると推定されているが、もしも、母親の態度が変わったり、母親が戻ってきたりすると、すぐに回復するものである。

以上を、「母親喪失症候群（maternal deprivation syndrome）」という。この症候群が起きるのは、なにも、母親がいなくなった場合だけではなくて、母親が子どもをかわいがらないとか、あるいは虐待するとかの場合にもおきる。

悲哀とメランコリー　英国タビストックのハイニッケとウェストハイマーは、ずっとうちにいた十人の子どもと、養育ホームにしばらく預けられてから家に戻った十人の子どもとを比較研究してみた。

二歳の子どもを、二〜三週間、家から離して知らない人と暮らさせたのちに母親のところへ戻すと、ふつう、その子どもは数時間あるいは数日間も、母親に対して無関心を示す。はじめのうち、子どもは母親に愛着を示さないけれども、だんだんに、愛着を再び示すようになって、普通の子どもよりもずっと母親にすがりつくようになり、母親のそばにいたいということをしつこく要求するようになる。

これを見ていると、成人になってからも母親から離れられないといった、正常の愛情をもてない行動は、小さいときに経験した結合崩壊の結果おきた愛情喪失が長い間続いているのではないか、という気がしてくる。

このように喪失は精神的打撃だけでなしに行動異常をひきおこす。愛する者を失ったことが病気をひきおこすのではないか、という研究は五つある。

第一は、フロイトが書いた「悲哀とメランコリー」（一九一七）という論文であり、人は齢と無関係に、死別によって、不安状態とか抑うつ状態、あるいはヒステリーのような急性の精神症状を示す、という研究。

第二は、患者が、思春期、ないしは、それ以前に喪失を経験すると、一時的に抑うつ傾向が起きる、という研究。

第三は、幼いときに精神発達上で何らかの失敗によって愛する者を失った経験があると、大きくなってから精神病にかかりやすい傾向がある、という研究。

第四は、成人後に精神病にかかった人びとを調べてみると、小さいときに両親に死に別れたり、あるいは生き別れたりしている頻度が高い、という報告。

第五は、第四と逆方向に、小児期に両親を失った経験をもっている人を調べてみると、ある年齢に達してから精神病にかかる人が多い、という研究。

次に、まず、フロイトの「悲哀とメランコリー」という論文について述べよう。

フロイトの頃には、「メランコリー」という言葉は、一般に五十歳以上の、いわゆる初老期のうつ状態を意味していたのであるけれども、フロイトはこの言葉をもっと若い人をも含めての普通のうつ状態という意味で使ったのかもしれない。現在では、メランコリーといえば、初老期に限らずに、重症のうつ状態という意味に使われている。

それはともかくとして、「メランコリー」と「悲哀」はひじょうによく似ているから、この両方を比較してみようというのがフロイトのもくろみである。

ジグムント・フロイト

悲哀というのは、愛している人を失ったり、あるいは、愛している人の代わりになるもの、たとえば、祖国とか自由とか理想とか、そういったものを失った場合に起きる反応である。悲哀というのは、たとえそれがひじょうにひどくても、べつに病気ではなく、ある時間が過ぎれば普通に戻る、というふうに思われているし、むしろ、悲哀が起きないほうが不思議だとみなす場合も多い。

メランコリーの場合には、ひじょうに深刻な悩みに満ちた不機嫌さ、外界への無関心、愛する能力の喪失、行動に対する制止、自分が悪いのだとか、自分みたいな愚か者はいない、といったかたちをとる自我感情の退化が、おもな精神症状である。この自我感情の障害はメランコリー独特であるけれども、そのほかは悲哀と全く同じ症状を示す。

悲哀の場合を考えてみると、現実をよく見れば、自分が愛していた対象をすでにもう失ってしまっているのであるから、すべてのリビドー（愛のエネルギー）は、自分が愛していた対象から離れるほかないことがわかる。しかしながら、これに対しては抵抗が生まれるので、リビドーの位置を変えたがらない。そのために、むしろ現実から顔をそむけて対象にこだわることになる。

メランコリーもまた、愛している対象を失った場合に起きることがある。たとえば失恋とか離婚とかのあとである。

ところが、メランコリーの患者自身も、自分が何を失ったのかよくわかっていない場合がある。つまり、恋人を失ったことはわかっていても、その恋人について何を失ったのかを自分がよくわかっていないのだ。悲哀というのは、自分の失ったものをよく意識しているが、メランコリーでは何を失ったのか意識していないという点で、この二つが違っている。

したがって、メランコリーにも悲哀にも見られる「抑制」（考えられない、動く気になれない）とか「無関心」は、じつは、患者が心のなかで強く何ものかに心を奪われているために起きるのであって、外から見ていても、患者が何に心を奪われているのかを見抜けないだけである。悲哀では、外の世界が貧弱になって空しくなるのであるが、他方、メランコリーの場合には、精神内界の自我自身が貧弱で空しくなり、「自分はどうしてこんなにつまらぬ人間なのだろう」と考えたりする。

自我の喪失　悲哀から類推すれば、メランコリーの患者もまた対象を失ったことに悩んでいるに違いないのに、なぜ自我の喪失が表立つのだろうか。

メランコリーの患者では、自我の一部分がほかの部分を批判的に評価する。つまり、自分の自我についての道徳的な嫌悪感を他人の非難のもとにさらけ出すということを、自我の良心が自らに対して行うのである。

そして、メランコリーの患者が自分を責める訴えをよく聞いてみると、その訴えのなかでもっとも強いのは自分のことではなくて、患者が愛している、あるいはむかし愛した、あるいは愛さなければならない他人について責めているのが、わずかに改められたかたちで出てきていることがわかる。

つまり、表面だけ見れば自分を非難しているように見えるけれども、じつは、自分が愛している対象を非難しているのだ。非難の方向が、表面上はその対象から反転して自分の自我に向かっているにすぎないのである。たとえば「自分のように無能な女と結婚して、夫に対して気の毒だ」と訴えている女性は、じつは、ほんとうに言いたいのは「夫が無能である」ということなのだ。つまり、患者が訴えていることは、じつは告訴をしているのである。一見、自分を軽蔑しているような言葉でも、本心は他人を軽蔑しているのであるから、それを恥じたり隠したりしないのも当然である。

このプロセスを改めて記してみると、まず、特定の人、つまり対象へのリビドーの結合があって、次に、その愛する人から侮辱とか失望を味わわされるなどという影響があり、その対象の関係に動揺が起きる。そして、この対象から離れたリビドーは、ほかの対象に向かう代わりに自我に向かってくる。そして、自分が捨て去った（愛する）対象と自我とを同一視するようにはたらく。こうして、対象を失ったことは自我を失ったというかたちになるし、自分が愛している人と自我との間の葛藤は、自我と変化した第二の自我との間の自我どうしの対立という形に変わるのである。

ナルチシズムへの退行

フロイトの弟子オットー・ランク（一八四四〜一九三九）によれば、リビドーが愛する対象を捨てて、別の対象に向かわずに自分に向かってくるのは、もともとその人にナルチシズムの基盤があったからだ、という。この考え方によれば、メランコリーの場合には、対象を換えることができず、口唇期へ退行するのだといえよう。

つまり、メランコリーの場合は、症状の特徴の一部は悲哀からもってきたものであるが、他の一部分はナルチシズムへの退行という形をとる。対象への愛を捨てることはできないけれども、対象だけを捨てて対象愛がナルチシズム的に自分に向かい、対象と同一視する。すると、この対象の身代わりともいうべき自分自身に対して、憎しみがはたらき、自分を侮辱し、軽蔑し、苦しめ、そして苦しめたことに対してサディズム的な満足を味わう。それがメランコリーである。要するに、患者は自分を罰するかたちで、もともとの対象に復讐をしているのである。対象に敵意をもっていることをあからさまに示すことができないので、自分が病気になって、その病気を介して、愛する人を苦しめようとするのである。

こうして、メランコリーの患者が自殺をする傾向をもっているのは、対象に向かうべき激しい敵意を自分に向けるからであって、自分を殺そうとする衝動を自我が感じるのである。

フロイトは以上のようにオットー・ランクの説を引用して述べていて、悲哀とメランコリーが根本的には同じしくみで、よく似た症状を示すこと、そして、対象を失った場合に悲しみの症状が起きるのは悲哀でもメランコリーでも同じであって、ただメランコリーの場合には対象に対する憎しみ（あるいは愛情）が、自分自身にハネ返って症状としてあらわれてくるのだ、と述べている。

「出会い」というのは対象を獲得した場合であるけれども、その逆に、愛する対象を失った場合の人間の反応を、フロイトは「無意識」という立場から考えてみたのであった（フロイド選集10『不安の問題』一二三〜一四六頁）。

幼児期の悲哀体験がうつ病を起こす?

その後、一九二四年に、精神分析学者のアブラハムが、数人のうつ病の患者を分析してみてこういう結論を出している。つまり、うつ状態は、小さい頃に不愉快な体験をもった患者が最後の手段として示すものである。そして、そういう患者は、小児期の間ずっと、一時的感情倒錯という状態に苦しんだのだ、と。

ジェイコブソンという精神分析学者が「抑うつの精神病理」という論文を書いたなかで発表している。ペギーという女性患者の場合を見ると、二十四歳のときに自殺したいという衝動と、離人症（自分が自分ではないような気がする）を伴ったうつ状態で、診察を受けにきた。これは、恋人を失ったショックで起きた症状のように見えたが、よく調べてみると、実はペギーが三歳半のときに、母親が出産をするため入院をして、自分だけが家にとり残され、父親もどこかへいってしまって、母方の祖母と二人きりで留守番をした体験に基づくのだろう、というふうにジェイコブソンは考えた。母親が戻ってきたときには赤ん坊を抱いていたので、これは自分のお母さんではない、とペギーは感じて、その直後に抑うつに陥ったのだろう、と推定している。

フェアバーン、ステンゲル、ボウルビイ、アンナ・フロイト、スピッツなどの研究者たちがこうした問題に関心をはらったが、小さいときに悲哀を経験すると大きくなってから神経症とか精神病になる、とは考えられない、とアンナ・フロイトとスピッツが反対意見を述べている。

このように、精神分析の理論では、ひじょうに小さいときに悲哀が起きると大きくなってから精神病になることに関しては意見の対立があったけれども、メラニー・クラインはそれを結びつけて考えた。乳幼児が悲哀を経験すると抑うつに陥り、そのときの反応のしかたが、大きくなってから喪失を体験したときに再発するのだ、とメラニー・クラインは述べている。しかし、このメラニー・クラインの理論によると、大きくなってから喪失を経験した場合に、全員でなく少数の人だけがなぜ病的な悲哀反応を示すか、ということをうまく説明することができない。

メラニー・クラインは生後一年間という時期を限っているけれども、そうではなくて、小児期の数年間にわたって母親を失うことが、分離不安と悲嘆とをひき起こし、そして、母親を取り戻したいと考えて怒ったりする攻撃性が、母親との再結合をもたらす性質を帯びている役割のほかに、悲哀をもひきおこすのである、とボウルビイは述べている。

死に別れの悲しみ

おとなが自分の親しい人と死に別れたときにどういう反応を示すか、ということを、ボウルビイは次のように四期に分けて考えている。

1　麻痺期――普通は数時間から一週間ぐらい続いて、その間にひじょうに強い悲しみとか怒りの爆発によって中断されることがある。
2　失った人を慕って探し求める時期――これは、数カ月から数年にもわたることがある。
3　解体と絶望の時期
4　再編成の時期

麻痺の時期には、死んだという知らせを信じることができないとか、あるいは、聞いても何も感じないというふうに、感受性がなくなってしまう時期である。

第二の、失った人を慕って探し求める時期には、ひじょうに強い悲しみと涙もろいこと、また、落ち着きなさがあらわで、死んだ人がまだそばにいるような気がし、そして、再び生き返らせたいという衝動を感じて、失った人を探し求める時期である。落ち着きなくウロウロと探し回る。失った人間のことがかたときも頭から離れない。その失った人がまだ生きているような気配を感じ、それに注意を集中し、それ以外のものをすべて無視するという傾向、その人がいそうな場所へ何回も行ってみる、失った人に呼びかける、といったようなことが見られる。

この時期には親戚とか牧師とか医者などに怒りをぶつけ、パークスという人が調べた未亡人二十二人のうち十八人はそういう怒りが見られ、「自分を見捨てた」ということで、亡くなった夫に怒りをぶちまけることもある。あるいは、あれをすればよかったとか、これをしなかったから亡くなったのだというふうな、こまかいことで自分を非難することもある。

自分自身を取り戻せた女性はわずかに五十パーセント以下であって、未亡人の約二十五パーセントは、健康状態がひじょうに悪く、感情的に不安定だった。感情が乱れ、うつ状態になったり、眠れないとか、痛み、不快感などが見られる。

別れからの立ち直り

子どもだけではなくて、おとなの場合も、こういうふうに、死に別れから立ち直るときには、別の信頼できる人の助けが必要である。特に、子どもにとっては、しだいに愛着できる、そして永続性のある代わりのものの存在がひじょうに重要である。そして、死に別れた場合に起きる感情というのは、孤独になった自分が世の中で見捨てられてしまうのではないかという恐怖感と、亡くなった人への憧れの気持ち、さらに、その亡くなった人がもう見つからないということに対する怒り、の混合である。

こうした、人を失った場合の悲哀から立ち直るためには、その人が自分の感情を内にこもらせないで、思う存分にぶちまける機会を与えることが必要であるし、すべてをいっしょに話し合ってやさしく支持してあげる人物が必要である。

亡くなった人に対する憧れとか希望、激しい怒りなどを聞いてくれて、かりに、非現実的なことをいったり不当なことを話したりしても、理解して同情してあげる人がいると、はじめて、患者の現実感覚が普通に戻ってくるのだ。

まず第一に、亡くなった人にひじょうに親密な感情をもっていた場合、それから、亡くなった人に対してもっていたような愛情を移しかえられるような、代わりになれる親密な間柄の人を見出せない場合、第三に、自分が殺してしまったとか、自分はいい妻ではなかったとかいうふうに、自分を責める場合、こういう三つの場合には、悲嘆現象がなかなか消えないことが多い。

夫が亡くなってから十二カ月後に、まだ調子がよくない未亡人たちを調べてみると、自分の悲しみや怒りを表現するチャンスもないし、亡くなった夫や昔のことについて語る機会がなかった人なのである。逆に、わりあいに調子がよくなった未亡人たちに面接してみると、接触してくれた人たちのお陰で、自分の悲しみを表現したり涙をみせるチャンスがあり、あるいは、夫の思い出話を思う存分話すことができた人たちであった。

こうして、家族から理解や支持を受けられなかった未亡人は、再出発するチャンスを失ってしまったので、これからも、失望したり、喪失の体験を繰り返す危険がある。現実にもう一度とび込んでいく勇気を失ってしまい、慢性悲嘆症候群のなかにずっととじこもる結果になることが多いのである。

悲嘆症候群

T・H・ホルメスは、一九六七年に、配偶者が死亡すると残った人は病気になりやすいこと、および、その病気も重くて長引くことを発見した。

W・D・リースとS・G・ルトゥキンスも、同じ年に、英国ウェールズの小さな地域社会を調査して、最近近親者が死んだ人九〇三人とそうでない人八七八人とを一年間比べたところが、近親者が亡くなって悲しい思いをした人の死亡率が、亡くさなかった人の死亡率のじつに七倍も高いことを発見した。

そして、自宅以外の場所、つまり、病院などで近親者が亡くなった場合には、自宅で死んだ場合に比べると、残った人の死亡率が二倍も高いことがわかった。これは、自宅で亡くなった場合には、十分に自分が看病をしたというあきらめがつくためであろうか……。

英国のC・M・パークスたちは、妻を亡くしたあと六カ月以内に死んだ男やもめの死亡原因を調べてみると、その大多数は冠状動脈の病気だったという。つまり、近親者に死に別れてひじょうに悲しい思いをした対象喪失の反応が起きたあとは、反応的なうつ状態が起きて身体的にも大きな影響を与え、ついには死をもたらすことさえあるのである。救いのなさ、希望のなさが、もうだめだというあきらめに結びつくと、死んでしまうようである。作家の船山馨の場合、夫の死後十四時間で夫人も亡くなっている。最近では、配偶者に先立たれた二十六人のばあい、死別の二週目と八週目とに免疫を調べてみると、免疫の強さが弱まっている、という報告もある。喪失感が抑うつを生み出し、それが脳の視床下部前部にある免疫系に働きかけて、免疫の低下をもたらし、ガンなど悪性の病気にかかりやすくするから、親しい者との死別のあとで悪性の病気になるのだという。

中年以降に身体を健康に保つには、若い時から心理的に健康であることが必要だ、とこの調査を記したマセックは書いている（二〇頁）。

精神的健康に大切なことは、

1 自己に対する高い評価
2 両親とのあたたかい関係
3 人生への楽観的態度
4 のびのびと自然で積極的な気質
5 神経を高ぶらせないこと
6 ストレスで落ちこんだり心配しないこと
7 陰気でびくびくしていないこと

であるというが、人との別れがこれらの要素にかなり大きく影響しているのであろう。

死に別れた人と同一化したい

肉親と死に別れて以来、亡くなった人が死ぬ前に味わった苦痛と同じような身体症状を訴える人がいる。こういう病気を、普通は、同一化病（アイデンティフィカトリー・イルネス）と名付けており、一時的な症状なので、精神的に元気づけてあげれば、この病気はよくなる（メルソンらによる）。

死に別れによる悲しみは、ふつう九カ月から十二カ月もたてば、しだいに消えるものだが、なかには、そういった悲しみからどうしても立ち直れない人がいて、精神科の治療を必要とする場合がある。

こんな人は、汗が出る、めまいがする、筋肉がケイレンする、胸がドキドキする、消化不良、といった症状を訴える。そういう症状は、死んだ人のイメージを生き続けさせよう、というふうに患者が無意識のうちに試みていることのあらわれである場合が多い。たとえば、こんな例がある。

三十六歳になる娘の母親が乳ガンと診断されて、だんだん死期が迫ってきたとき、母親も娘も、そんなはずはない、絶対に死なない、というふうに思い込んでいた。

この母親の乳ガン末期には、痛み止めの薬を乱用したことによる中毒性の精神病が二カ月間も続いており、その間には娘のほうも妄想症がひどくなって、母親以外の人を自分のそばへ寄せつけなかった。母親が亡くなっても「本当に死んでしまったなんて信じられないわ」といって、母の病気が治り、再び母親といっしょに暮らせる、という妄想にひたっていたのである。

その後二年間、患者はひどい腰痛を訴え、鎮痛剤をたくさん飲まないと我慢できなかった。「私は自分がガンにかかっているのに、お医者さんはそれを見つけることができないのです」と主張しており、毎年、母親の命日が近づいてくると、痛みは激しくなって、二回も腹部の手術をしたあげくに精神科を訪れたのである。

第二例は、三十七歳の女性で、腹部にガンがあるのではないか、ということをひじょうに恐れていた。彼女の母親が一年前に膵臓ガンで亡くなっており、妹と弟とがいたが、一番年上だったので、母親とは、互いに保護したり、いたわり合う関係を保っていて、もっとも親身になって母親の看病をしたのであった。

母親の病気が致命的なものであることがわかると、この患者は、母の看護をほかの家族に一切させずに、自分一人で一生懸命に看護をした。この母を救おうと思っていたので、母が死んだときにはまったく絶望してしまった。

その後四年間、彼女はずっとうつ状態が続いていて、抗うつ薬や精神療法などを長く与えても、一時的に少し軽快するだけで、全般としてはなかなか治らない。おなかが痛い、体重が減る、頭が痛い、憂うつである、というふうな症状が続いている。

これらの例に共通しているのは、死が迫っている母親が、自分自身の恐怖とか絶望とか、あるいは悲しみなどについて、ほかの人に自分のそういう気持ちを話して分かち合うことがなかった、ということ、それから、子どものほうも、母親を看病しながらも、母が死ぬということを受け容れることができなくて、「一生懸命に看護をすれば治る、自分は救い主なのだ」というふうに思い込んでおり、そうした二人の間には、心の通いあいがとぎれて、毎日の生活がひじょうに緊張した儀式ばったものになってしまったために、避けることのできない死をも受け容れるゆとりがなくなってしまったところに特徴がある。

そして、患者は、母親の死に対して、「全能の救い主としての自分自身の大失敗だ」というふうに誤解することになる。

娘は、母親の死を防ぐことには失敗したけれども、今度は自分自身が病気になって、医者とか家族が自分を看病し、そして治すことに成功してほしい、つまり、自分は母親であるから、自分が治れば母親を治したことになる、というふうに置きかえて考えているのである（メルソンら）。

幼いときに愛情結合の崩壊を経験した人に異常性格や抑うつ、非行、自殺という症状が起こりやすいことも、最近になってわかってきた。

別れがひき起こす影響

アールとアールという二人の精神科の医者が、六十歳以下の精神科の患者を千人以上調べてみると、そのうちの六十六人が異常性格であった。

六歳までの間に六カ月以上母親がいなくなった率を調べてみると、異常性格の者の場合には四十一パーセントもいたが、そのほかの一三五七人ではわずかに五パーセントだった。

十歳の誕生日までに父親または母親、あるいは、両方が不在であった率をとってみると、攻撃的な異常性格を持っている七十六人の男子の患者のうちの六十五パーセント以上がそういう経験をもっている、ということを、クラフト、ステフェンソン、グランガーの三人が、一九六四年に発表している。

自殺の患者では、未遂の者と既遂の場合とをいっしょにして統計をとってみると、五歳までに喪失体験が起こっていることが特に多いことがわかる。

一五六人の自殺未遂の精神科患者を、ほぼ同じ数の別の精神科患者のグループと比べてみよう。自殺未遂の場合は、五歳の誕生日以前に、最低十二カ月の間、片方または両方の親が連続していなかった、という場合が、そうでないグループの三倍近くの二十六パーセントもあり、ほかのグループでは九パーセントだった。

十五歳の誕生日前に親を失った人たちは、そうでない人たちに比べて、異常性格と診断されることが多いのであって、前者では十八パーセント、後者では四パーセントだということをグリアとグンが一九六三年に発表している。

大きくなってからうつ状態になった人を調べてみると、五歳から十歳の間、あるいは、十歳から十五歳の間に片親が死んでいることがひじょうに多いことがわかり、一般人口におけるうつ病発病率と比べると、片親を失った人たちがうつに陥るのは約二倍も多いのである。

一九七八年にブラウンとハリスが研究したところによると、抑うつ状態をひきおこす場合に三つのかたちがある、という。

十一歳よりも前に母親を失った女性は、そういう経験のない女性に比べて、成人後に危機に会ったときに抑うつ状態をおこしやすい。

第二には、十七歳以前に一人ないしそれ以上の家族を失った女性では、そういう経験のない女性に比べて、そのあとで起きる抑うつ状態が重症である。

第三には、幼いときに失った経験のしかたが、あとになって起きてくる抑うつ状態のかたちに影響を及ぼす。つまり、単に別れを体験した場合は、不安を伴った神経症性抑うつ症を示すし、死別を経験した場合には、抑制（ブレーキ症状）を伴った抑うつ状態の病状を示すのだ、という。

「別れ」がこのように大きな影響を与えていることを考えると、その逆の「出会い」もさぞかし、深い影響を私たちに及ぼしているであろうことを推定してよいと思う。

VI 「出会い」の衝撃

この章では、「出会い」の第三の意味「人と人、人と物がともに生活することになったときの、持続的接触による精神的影響」および第四の意味「心と心の触れあい（による自己内面の変革）」の実例をいくつか紹介したいと思う。精神的な出会いというものがさまざまな形で人生にどんな大きな衝撃や影響を与えているかということを、私たちはこれらの実例から学びとることができよう。

1 ひとことの出会い

取って読め

神の声に出会ったという古くて有名な例は北アフリカ、ローマ帝国ヌミディア（現在のアルジェリア）出身の神学者アウレリウス・アウグスティヌス（三五四〜四三〇）である。

アウグスティヌスは三二歳のとき「魂の病気」によって、身体が自由でありながらも魂が不自由であるという、人間存在の根源的状況に悩んでいた。「欲する」「できる」「なす」は肉体面で自由に実現できるのに、魂の面では実現できない。アウグスティヌスは自己の存在を神へ転回することを欲しているのに、そうできないで苦しんでおり、ミラノの庭園へ行ったときのことである。

「すると、どうであろうか。隣りの家から、男の子か女の子かは知らないが、子どもの声が聞こえた。そして歌うように、『取って読め、取って読め』と何度もくりかえしていた。わたしはすぐに顔色を変えて、子供が何かの遊戯に、このようなことを歌うのだろうかと一生懸命に考えてみた。しかしそのような歌はどこでも聞いた覚えはなかった。それでわたしは溢れ出る涙を抑えて立ち上り、わたしが聖書を開いて最初に目にとまった章を読めという神の命令にほかならないと解釈した。わたしはアントニウス（エジプトの隠修士）についてこういうことを聞いていたのである。」（『告白』上巻、二八〇頁）

アウグスティヌスはすぐに聖書を開いた。

「宴楽と泥酔、好色と淫乱、争いと嫉みを捨てても、主イエス・キリストを着るがよい。肉の欲望を充たすことに心を傾けてはならない（ロマ書13の13―14）。

この節を読み終わると、たちまち平安の光ともいうべきものがわたしの心の中に満ち溢れて、疑惑の闇はすっかり消え失せた……」（同上、二八一頁）

こうして彼は回心するのである。

神からの贈りもの

映画評論家の小森和子さんは、フランスの女優（のち監督）ジャンヌ・モローと会ったときに羨ましく思って、「あなたみたいに『自分の人生と恋をしてるのよ』なんて言えるほど楽しい思い出は自分の四十九年の人生にはなかった」とこぼすと、三十四歳だったモローはこう言った。

「まあ、考えてもごらんなさい。あなたは、私が果たしてこれから生かして貰えるかどうかわからない十五年という生命、神様だけからいただける、その生命を、もうシッカリいただいて、今、私の目の前にいるじゃないの。ね、この生命というものだけは、どんな権力者でも金持ちでも名医でさえも、どうにもならないもの。神様だけが采配なさる贈りもの（ギフト）よ。それをあなたは、もっともっと感謝して、大切に、モア・ビューティフルに生きなければ、ね。」

小森さんは仏教徒でもクリスチャンでもないと記しているし、「モローの一言で開眼したなんてことはない」と書いてはいるが、そのときから生命も生活もすべて神様任せになった、と言うのだから、モローの考えに大きな影響を受けたにちがいない。

それはかわいそうに　随筆家の江原通子（えはらゆきこ）さんは、三十代の終わりの頃に、興禅護国会に初めて出て、朝比奈宗源老師に会った。

そのときに、禅の座り方とか息の整え方を手短に教わって、退室しようとした瞬間に江原さんの身の上を聞かれた。彼女は「早く夫を戦争で亡くして、文藝春秋社に勤めながら一人の男の子を育てております」と言うと、老師は、ゆっくり、ひとこと「それはかわいそうに」と言った。たったそれだけのことであるが、彼女は人の情に深く感動した。道元も「愛語は愛心よりおこる……愛語よく回天のちからあることを学すべきなり」（『正法眼蔵』）と述べた。その日からあと、弱かった彼女の体は丈夫になり、狭かった心は広くなり、渇いていた心は水がにじむようにうるおって、彼女の周囲までがその恵みに浴し、二十数年たったのちまでも、彼女は限りなくそれを感謝している。

片目の役者　一九五八年（昭和三十三）の春、俳優の芦田伸介さんは、自動車事故で瀕死の重傷を負い、眼球破裂による失明の危機が迫っていた。俳優としてももうやっていけず、人生もこれで終わりだ、と思って死と直面するような耐え難い毎日を送っていたある日、宇野重吉さんが見舞いにきた。

「日本に一人ぐらい片目の役者がいたっていいじゃないか片目の役者もなかなかイカスぞ」と宇野さんは慰めた。そうか、片目でも役者ができるのかと、芦田さんはまた希望を抱く生活に戻ることができたのである。

2　師との出会い

夜あけのほととぎす　「朝顔に釣瓶とられて貰ひ水」の句で知られている加賀千代女は石川県松任に住んでいたので、近所の酒造家の妻すえ女から俳句を学んでいた。ところが、千代が十五歳のときに、美濃の盧元坊という有名な俳諧師が旅をしてきて、松任で一泊した。これを聞いた千代は大喜びで、すぐに訪ねていき、「俳句を教えてほしい」と頼んだ。盧元坊は疲れていたが、千代があまり熱心なので、「ほととぎす」という題を与えて、つくらせてみた。千代は一心に考えて俳句をつくって差し出しても、「これではいけない、もう一つ誦みなさい」といわれてしまい、何回試みても「よし」といってくれない。夜はだんだんとふけて、盧元坊は居眠りをしてしまったが、千代はまんじりともせずに夢中になって考えて、窓があかるくなってきた。そのとき目をさまして、盧元坊が「もう夜があけたか」というと、千代は、「ほととぎすほととぎすとて明けにけり」と答えた。「あ、いい句だ。この気持ちを忘れないようにして俳句をつくりなさい」と盧元坊は言って、弟子にしてくれた。

千代はそれからたくさんの優れた句をよみ、六十歳のときに『千代尼句集』（一七六三）を刊行し、さらに八年後にその続編『松の声』を出版している。

生を写す

神奈川大学教授で歌人の近藤芳美さんは、一九三一年に広島の旧制高等学校に入学して、短歌の会に出席していた。そんな関係で広島の町の「アララギの会」に出るようになり、その会の先輩に伴われて広島の郊外へ静養にきていたアララギ派の歌人中村憲吉に会いにいった。中村憲吉は、近藤さんの持参した歌をていねいに添削して批評してくれた。そして、「写生というのは生を写すことであって、生は命でありそれを生活と呼んでもよい」とつけ加えた。この一言に感動して、彼はアララギの会に入会し、そして、いつも「生」という言葉を心の底において、戦前、戦争中、戦後の長いあいだ歌をつくり続けてきたのである。近藤さんにとってそれは、人間一人の生き方を問う方法であり、ただ一つの自己をあらわす方法であった。

楽才の発見

盲目のヴァイオリニスト和波孝禧さんは、一歳半の頃から音楽が好きで、二歳になったときに母親が、NHKの幼児の時間のリズム遊びを指導していた弘田竜太郎さんのところへ相談にいった。

そして、弘田先生の勧めで四歳からヴァイオリンを習いはじめたけれども、五歳のときに父親の転勤で大阪に移り、大阪では、ヴァイオリンの名手辻久子さんを育てあげたお父さんの辻吉之助さんを探し出して、母親が、ヴァイオリンの教育を頼み込んだ。

辻さんは、「私が教える以上は、専門教育をします」と言って、六年間、ヴァイオリン演奏の基礎を一生懸命に教え込んだ。ヴァイオリンを教えたのはたしかに辻さんだったかもしれないけれども、一歳半のときにすでに音楽の才能があることを見抜いて弘田さんのところへ相談にいったり、ヴァイオリンを習わせはじめたり、あるいは、辻さんを探したりした和波さんのお母さんとの出会いがなければ、和波さんはきっとヴァイオリニストにはなれなかっただろう。

これと同じように、フランスの作曲家クロード・アシル・ドビュッシーに音楽の才能があるのを発見したのは両親ではなくて、詩人ヴェルレーヌの義母モーテ・ド・フルールビル夫人であった。この人は若い頃にショパンの弟子だったピアニストで、偶然にもドビュッシーの近所に住んでいた。彼は夫人から一年余りピアノを習って十一歳のときに夫人にすすめられてパリ国立音楽院に入ったのである。

仕事にうちこむ美しさ

歌手・映画女優であり参議院議員でもある山口淑子(よしこ)さんは、一九五二年にアメリカに渡ってハリウッドの映画に出演していたときに、チャップリンに出会った。

それは、『ライムライト』の撮影がはじまるすぐ前だったが、納得がいくまで妥協せずに全力で仕事に打ち込む姿の美しさに、すっかり魅了されてしまい、彼女は、人生観を変えられた、と言っている。その感動のなかから、「わが道をいく」という彼女の信条が生まれたのであった。

3　神仏との出会い

宇宙は神の表現

作家の森田たまさんは、若い頃に自分の存在について疑問をもち、人生について思いをめぐらし、自己否定に陥ったことがある。そして、薬を飲んで自殺をしたのだが、途中で発見されて生き返ってしまった。

生き返ってからは毎日毎日がひじょうに空しくて、自殺する前の苦しみなどはそれに比べれば問題にならないぐらい甘いものに思えた。自殺をする前には、生か死か、一つの目的があったけれども、自殺のあとでは何もない、あるものは空虚だけであった。周りの人たちは、「新しく生まれ変わった気になってやれ」と言ってくれるが、思い詰めて死の道を選んだ人間が、そう簡単に生まれ変われるものではない。そして、宗教の本を読んでみたりしたけれども、心に響いてくるものは何もなかった。

自殺未遂から一年ほどたったとき、ある人に勧められて、西田幾多郎の『善の研究』を読みはじめた。まず最初に宗教論から読んでいって、その「第三章 神」の四行目に、「宇宙は神の所作物ではなく神の表現である」という文章にぶつかったとき、森田さんは机の前でとび上がり、そしてそのまま、オリの中のクマのようにぐるぐると八畳の部屋を歩き回った。「宇宙は神の表現である、宇宙は神の表現である……」と繰り返してつぶやきながら回り続けていた。そして、この難しい本から森田さんは自分の生命を与えられたのだった。

世界を支えるもの

イスラエルの哲学者マルティン・ブーバーは、『出会い』という本のなかで、「二つの対話の報告」を書いている。

それは、連続三晩にわたって、西独のある工業都市の国民大学成人講座で、「現実としての宗教」という主題について語ったときのことについてだ。三日目の晩の終わりになってから、翌日の日曜日の午後に開かれる労働者の討論会にブーバーは招かれた。その会では、ある労働者が、「世界に精通するためには、神という仮説を必要としないことを私は知っています」と述べたのである。

これは、ラプラスが、ナポレオンとの会話のなかで使ったといわれているいい回しである。それに対して、ブーバーはこう答えた。

「われわれの見る赤い色は、あちらの『物』のなかにあるのではなく、こちらの『心』のなかにあるのでもない。それは常に両者の会合のなかから燃えあがり、赤を感受する目と、赤をつくり出す『振動』とが交互に相対向している限り輝いている。(中略) あちらの未知の『客観』と、こちらの、一見ははなはだ既知だが、しかも把握不能の『主観』と、そして両者のはなはだ現実的だが、しかも、はなはだはかない出会い、つまり『現象』と――これは、すでにどの一つからも全体をとらええぬ、三つの世界ではないのか？

われわれが、これらの互いにはなはだしく対照的な世界を一眺のもとに考ええる場所はどこにあるのか？　このはなはだ疑わしくなった『世界』を支えているのは何であるのか？

質問をしたその労働者はそのときに、私を見つめ、ゆっくりと力強くいった、『あなたのおっしゃる通りです。』」(『出会い』七二頁)

いっさい空の世界

作家の大城立裕さんは、終戦後二、三年たった頃に、沖縄の開拓庁という役所に勤めていたが、食べ物も本もない生活で、空想ばかりしていた。そのときに、先輩が、新井石禅著の『般若心経講話』という本を貸してくれた。

この本を読んで、目からウロコが落ちたような気がして、それまでの悩みや苦しみがいっぺんにとけ去るような気がした。一切空の世界が展開され、宇宙、人生の生、老、病、死、善、悪、美、醜、それら一切は本来なかったもので、あらゆる存在は空である、と説かれているのを読んだとき、当然絶望に陥りそうなものなのに、逆に、生きる力を無限に与えられたような気がした。同じ頃に、岡本かの子の『女體開眼』を読んで仏教の「永遠の命」ということにひかれ、目前のつまらない価値の変化にとらわれないで、ひたすら働いて生きていくという生き方をしようと思った。

こうして彼は戯曲『明雲』を書き、小説『カクテル・パーティー』で芥川賞を受けることになる。

お寺の雰囲気

二松学舎大学教授の佐古純一郎さんは、自分の母親の実家が浄土真宗の小さい寺で、そこで、自分を生んだ母親が間もなく死んでしまったために、そのお寺で祖母の手によって育てられたのであった。そういう親鸞の信仰の雰囲気のなかで育ったことを彼は第一の出会いと考えている。

「顕浄土真実教行証文類序」に「爰に愚禿釈の親鸞、慶ばしい哉、西蕃・月支の聖典、東夏・日域の師釈に、遇ひ難くして今遇ふことを得たり、聞き難くして已に聞くことを得たり。……特に如来の恩徳の深きことを知ぬ」とあり、親鸞が出会いを尊重した気風が佐古さんに大きく影響したようだ。

4 キリスト教との出会い

キリスト教との出会いで一生が変わってしまったという人も多い。

讃美歌に誘われて

陶芸家で無形文化財の加藤唐九郎さんは、瀬戸の町で瀬戸物づくりの経営をしていたが、それに失敗して将来の方針に迷いをもち、不安な毎日を送っていた。

一九一七年(大正六)の暮れに寒い瀬戸の町を歩いていたら、教会から讃美歌の声が流れ出てきて、それまで味わったことのない感動が身を包み、まるで吸い寄せられるように教会へ入っていった。それは、毎週水曜日に行われていた祈禱会だったのである。

そこで、人は神の前に平等であるという思想を井上藤蔵という安部磯雄系の牧師に教えられ、すべての権威主義から解放されて加藤さんは目がさめたような気がした。

こうして、精神的な自由を手に入れ、自分を忠実に表現できるものだけをつくろう、あるいは、自分が求める美の方向だけを追っていこう、という自分の方針が確立したのであった。

永遠の世界

一九三〇年に、貧しい結核患者を収容する事業をはじめた社会福祉事業家の長谷川保さんは、死にかけていた大叔父さんに読んであげようと思って、内村鑑三が書いた『来世と復活』という本を買った。

大叔父さんが死んでしまったので、その本を結局は自分が読むことになったのだが、その中に「エックとアボウ」という文章があった。

『新約聖書』ヨハネ伝第十二章二十七節に、キリストが十字架につけられて死ぬ日の前の夜の祈りが記されている。「父よ、この時からわたしをお救い下さい」という文章だが、「この時から」の「から」は、ギリシャ語では「エック」という字が使われている。これは、ものを水のなかに入れて、その水のなかから取り出すというときに使う言葉である。

ところが、同じ「から」と訳しても「アボウ」という字は、机の上から本を取る、というときに使うのである。

したがって、このキリストの祈りは、十字架の死を逃れさせてください、というのではなくて、わたしを人類の罪の代償として十字架につけて死刑にして罰し、その死のなかから復活させてくださいという意味だ、というふうに内村は解釈していた。

それを読んだとき、長谷川さんの心を突然光が貫いた。「ああ、人間は死んだらおしまいではなかったのか、死を突き破って復活する永遠の祈りがあるのだ、時間と空間を越えた永遠の世界が実在するのだ」ということを知って、希望と喜びに満ちあふれ、彼は新しく生まれ変わったのである。

そのときから彼は聖書を真剣に学び、聖書に生きる人間になった。

救いを待つ心

評論家の犬養(いぬがい)道子さんは、一九四六年の春、復活祭の三日前に、最後の晩餐の記念の会が戦災にも焼け残った小さな修道院で行われる、ということを聞いて出かけていった。

敗戦直後のわびしい停電の夜で、十人ばかりの粗末な衣をまとった修道士が座っており、ローソクに火がともされると、修道士たちが旧約聖書を順々に読みはじめた。「救いを待つ心」というテーマにしたがって、時代順に読んでいったのである。

戦争が終わったばかりで、どのように生きていくべきかを探し求めていたときで、人生というものを見つめようとしていた犬養さんの心のなかには、こうして一貫性をもつ総合として聞いた旧約の物語が、人類そのものの生の原型として突き刺さってきた。こうして旧約聖書は犬養さんの一生を変えたのであった。

汝の魂とらるべし

エリザベス・サンダース・ホームをつくった沢田美喜(みき)(一九〇一~八〇)は、外交官であった夫についてロンドンで暮らしていたときに、チャーチ・アーミーの社会事業をボランティアとして手伝っていた。夜中の十一時からあけがたの二時まで、ベッドをつくったり、大鍋でスープをつくったりして、浮浪者を迎えるという仕事をしていたのである。

ある夜、一人の品のいい紳士が入ってきて、疲れきった労務者たちのなかに入って肩を叩いて励まし、いっしょになってあついスープを飲んでいった人がいた。これは、自分の恋のために王位を捨てたウィンザー侯であった。

そのとき、「与うるは受くるよりも幸いなり」（新約聖書、使徒行伝二〇―三五）という言葉が、炎のように沢田さんの心に刻みつけられた。

その次の日に、彼女は、日課になっている聖書を読んでいたところが、「今宵汝の魂とらるべし」という文句があった。今晩もし死ねば、死んだのちの裁きの場で、私は生きているときに何をしたと報告できるだろうかと思って、彼女はひじょうに恐ろしく感じた。その瞬間から、受け取るよりも与える立場の人になりたい、裁きの場で神さまに報告できる何ものかをもちたい、ということが彼女の心を占めるようになった。

そして、十八年のちに、彼女は、エリザベス・サンダース・ホームを開いて、日本中にあふれていた混血児たちを預かり始めたのである。

絶望する罪

女性史研究家のもろさわようこさんは、キルケゴールの『死に至る病』を読んでいたときに、終わりに近い「自己の罪について絶望する罪」という項目を読んでいると稲妻のように、「顔は日のように輝きその衣は光のように白く」と描写されているイエスが、目の前にあらわれた。

このときには「生きることをやっとうなずけるようになった大きな感動で、涙まみれになった」と彼女は書いている。

それ以来、もろさわさんは、知性では辿り着くことができない、奥深い感性の世界のあることを、恐れとおののきでうなずくようになったのである。

5 思想との出会い

過ぎ去ったこと

文化庁長官を勤めたのち国立劇場の理事長になった犬丸直さんは、ゲーテの『ファウスト』第二部第五幕で、メフィストフェレスがこういっているのを読んだときに、突然、目の前がひらけたように感じた。

「なに、過ぎ去ったと。バカなことをいうな。それじゃ初めから何もなかったのと全然同じではないか」

過ぎ去ったことは初めから何もなかったのと同じではない、努力によって罪や汚れをあがない清めることができる可能性を誰も否定することはできない。だから人生は生きるに価するのだ、と彼は考えたのである。

権威の崩れ落ち

中央大学教授で日本思想史を専攻する家永三郎さんは、中学に進学して間もない頃に、西村真次博士の『大和時代』という本を読んだ。この本によって、初めて、日本の歴史が神代からではなくて石器時代からはじまったこと、皇室がおきたのは長い歴史的発達のある段階で生じた現象である、ということを教えられて大きな衝撃を受けた。なぜなら、当時の歴史の授業では、天孫降臨とか神武天皇東征の話ではじまる国定教科書を教えられて、少しも疑いをもたなかったからである。

その次に、一九三二年、旧制高校二年のときに親鸞とバイブルに接して、人間の相対有限性と絶対無限者とのパラドックスが世界のあり方の本質であるということを読んで、正当な権威が音を立てて胸のなかで崩れ落ちたのを経験したのである。

ユダヤ人の解放

名古屋大学経済学部教授で社会思想史を専攻している水田洋(ひろし)さんは、一九三八年に、マルクスの『猶太人(ゆだやじん)問題を論ず』を読んだ。その内容が難しいのに辟易(へきえき)しながらも、何か、暗黒の広い野原に稲光が閃いてスッキリとあたりを照らし出したような感動を受けたことを、二十四年後になってもまだ忘れないほど鮮烈な衝撃を受けた。マルクスがこの論文で論じているのは、ユダヤ人だけの問題ではなくて、むしろ、近代国家における人間解放の問題である、ということを読みとり、そして、この本が、暗い谷間にある日本社会を見る目を与えてくれただけではなくて、近代思想史研究に出発しようとしていた水田さんに、踏み切る勇気を与えたのであった。

6　本との出会い

楽しい学校

言語学と哲学を学んでいたスイスのペスタロッチは若いときにルソーの『エミール』を読んで感動し、貧しい子供たちのための楽しい学校を作ろうと決心し、二十八歳のときに新方式の学校を開いて世界的な教育家になった。

北極の探検

ノルウェーの探検家ロアルド・アムンゼン（一八七二〜一九二八）は少年時代に『ジョン・フランクリン伝』を読んですっかり感動してしまった。一二九人の隊員を率い、二そうの船に分乗して北極海を探検した物語である。そして自分で何回も南極や北極へ出かけ、ついに三十九歳の時に世界で初めて南極の極地に立つことができた。

アフリカの医療

アルベルト・シュヴァイツァー（一八七五〜一九六五）は哲学者・神学者・牧師・オルガン奏者としてすでに有名になっていた二十九歳のある日、パリ伝道教会の事業報告書を見ているとアフリカのガボン地方で医師がいないために困っているという記事があった。これこそ自分の仕事だと思ったシュヴァイツァーは、すぐに医学部に入学し直して六年後に医師となり、三十八歳の時に赤道にあるランバレネに行って診療所を開いたのだった。

大工の発明家

豊田織機を発明した豊田佐吉（一八六七〜一九三〇）は、浜名湖のほとりで貧しい大工の子として生まれた。

父の手助けをするために、ある日、隣り村の小学校の工事場へ大工仕事に出かけたところが、教室から、先生が本を読んでいる声が聞こえてきた。それは、イギリスのハーグリーブスという大工が紡績機械を発明した、という話であった。大工でも発明家になれるのを聞いて、佐吉はびっくりしてしまった。

そして、先生に頼み込んでその本を貸してもらい、むさぼるように読んだ。英国でベストセラーになったスマイルズの『西国立志編』という伝記物語の邦訳だった。

その後、佐吉は、織機を発明しようとして一心不乱に努力を重ねて、十年ののちにとうとう、自動はた織り機を発明したのである。彼の作った会社の一部はその後トヨタ自動車へと発展した。

おとぎばなし

『日本お伽噺』を書いた巌谷小波（一八七〇〜一九三三）は、十代のときに、ドイツへ留学していた兄から、オットーの童話集をプレゼントされた。この一冊のおとぎ話の本は、小波の心を動かして、童話文学を一生の仕事に選ばせたのである。

もともとは医学を習うことになっていたのだが、十七歳の頃から文学に方向を換えて、日本で初めて、子どものためのおとぎ話をつくる作家になった。

アルプスの魅力

評論家の浦松佐美太郎は、大学へ進むことになったときに、英語の文庫本でウィンパーの『アルプス登攀記』を読んだ。

原著者である英国のエドワード・ウィンパーは木版のさし絵画家だった。英国山岳会に頼まれて登山紀行集のさし絵を描くために一八六〇年夏スイスのアルプスを訪れたが、絵を描くことよりも登山そのものにすっかり魅せられてしまい、彼は翌年からマッターホーン征服を試み、一八六五年、八回めにとうとう成功した人である。

彼はこの本にすっかり魅了されてしまい、精神的にも大きな影響を受けた。一つのことを徹底的にやり抜くという不屈の精神に打たれたのである。ひじょうに困難な登山を、こまかく周到に用意して、不撓の精神でやり遂げたというウィンパーの業績に彼は憧れ、大学を出てから、スイスへ行ってウィンパーの本に書かれた内容を思い出しながらアルプスの山々を実際に登ってみた。まだ登山が珍しい頃の話である。

そして、二・二六事件が起きた頃から、浦松さんは、筆をとって思うままにモノを書くことも許されなくなったということもあって、この本を翻訳しはじめたのだった。

人と物の変貌

作家の開高健さんは、戦後の大学生のときにサルトルの『嘔吐』を読んで異様な一撃を感じた。

「人が崩れるとともに物もまたなだれを起こして変貌するものであるという感覚と視点をこの作品は精緻で明晰で徹底的な肉感をもって示してくれた。古めかしい手法で書かれたその感情は、鮮烈な衝撃を浴びせてきて避けようがなかった」と、開高さんは記している。

7 文学との出会い

日本の作家にはロシア文学、ことにトルストイとドストエフスキーの影響を受けた人が多い。

落日の川辺にて

作家の阿部知二さんは、大学二年の夏に、トルストイの『戦争と平和』を英訳で読んだ。そして「落日の川べりでピエールとアンドレイとが永生について語るところを読むとき、どうしたものか涙がこぼれ出て、とどめようがなかった」と彼は書いている。それは、悲しみからではなくて、生命の尊厳ということに打たれての涙であった。

数ページを読んですぐにその世界に引き入れられてしまい、その世界は彼の心のうちに大きな領域を占めて実在しているようになったのである。

世界を支配するものの意志

評論家の本多秋五さんもまた、トルストイの『戦争と平和』に感動した一人である。

彼は、大学を卒業してからプロレタリア文化運動に入って、特高警察に検挙され、釈放されて故郷で二年間とじこもっていたのちに、再び上京して、二年たってからこの『戦争と平和』にめぐり会った。

彼はそのときカベにぶつかっていたのであるが、この本を読んで、かつて味わったことのない解放の予感を感じた。人間の意思によってではなく、人間と世界とを支配しているものの意思によってなし遂げられる、恐ろしい仕事が立ちあらわれてくるくだりを読んだからである。

そのとき、「小さな自我の殻が破れて、物の自然が見えはじめた。自我再生の道がそこから可能になった」と彼は書いている。

メカニックな訳文に

作家の三島由紀夫（一九二五〜七〇）は、十五歳ぐらいのときに、レイモン・ラディゲ（一九〇三〜二三）の『ドルジェル伯の舞踏会』（一九二四）を読んで、堀口大学の訳による日本語の芸術作品としてのこの本に完全にとりつかれ、まるで聖書のように思った。二十歳前になんとかしてこういう傑作を書いて二十で死ねたらどんなにすてきだろう、などと思って、いつの間にか、堀口の「……だった」というひじょうにメカニックな訳文が身についてしまうほどだったという。

エレーナの炎

作家の田宮虎彦は、大学に入った一九三三年にスタンダールの『赤と黒』の岩波文庫を知ってスタンダールにとり憑かれ、一九三六年の五月に、桑原武夫訳の同じスタンダールによる『カストロの尼』が出て、この本に夢中になってしまった。この作品を読んでから、エレーナ・カンピアレーニの燃えるような情熱の炎が田宮の心のなかに燃え続けるようになり「エレーナの炎がカストロの聖母訪問尼僧院の奥深いすみずみやエレーナが閉じこめられた聖マルタ修道院の地下牢の密室をあかあかと照らし出したように、人間の心を描くことをこの作品を読んで以来願うようになった」と記している。

時代の荒波にさからって

作家の大江健三郎さんは、十六歳の時に渡辺一夫著『フランス・ルネサンス断章』（岩波新書）を偶然のことから古書店で手にいれた。十歳の時に太平洋戦争が終わり、十五歳で朝鮮戦争が始まっていた。原爆が使われるかもしれず、日本も戦場になるかもしれぬ。

「戦争という時代の荒波のなかで、どういうことになるかわからぬ弱い自分をどうしていいか。どのように考え、勉強しても、この気が違いそうな恐しさは、どうにもならぬではないか？そういうことを恥かしさのあまり友達にもいえず、毎日くりかえし考えていた、十六歳の少年が、まったく偶然に、この本を読んだのです。そして力づけられた。励まされたのです。ここには時代の荒波のなかで、強い人間がまちがいをおかしたり、弱い人間がしかもなお、その志をつらぬいたりすることが書かれている。（中略）この本との出会いは偶然だったけれど、同じ方向づけの不安に、その年齢としては永い間、私は苦しんでいた。その経験は、この本との出会いのための過程、この本に出会うための過程として、つみあげられてきたのだったと、いまの自分は思います……」（『図書』一九七七年九月号、二一〜二二頁）

こうして、大江さんは渡辺教授の教えを受けたいと思いたって、四年後に宿望を達してついに東大の仏文科に入り、渡辺一夫さんの講義を受けることになる。

8 詩歌との出会い

まだあげそめし前髪の　与謝野晶子（一八七八〜一九四二）は、大阪府堺市の駿河屋という商家の娘であったが、店番をしながら読んだ島崎藤村の新しい詩集『若菜集』にひじょうに感動した。かねてからつくっていた和歌に、それから新しい気風を盛り込み、大胆で美しい短歌をたくさんつくり、のちに『みだれ髪』（一九〇一）という歌集に実をむすんだ。「やは肌のあつき血汐にふれも見でさびしからずや道を説く君」などは、誰でも知っているであろう。

くずの花の色　劇作家の田中澄江さんは、二十歳の頃、慶応義塾の二十二番教室で、折口信夫から『源氏物語』の講義を聴くようになった。

その受講生ばかりの集まりのときに、折口先生にもらった短冊にこんな歌が書かれていた。

葛の花　踏みしだかれて、色あたらし　この山道を行きし人あり

偶然、自分にこの歌が当たって、体中が一瞬に冷えわたるほどの感動に襲われた。なんていい歌だろう、とても自分にはつくれそうもない……。

その頃、田中さんは和歌をたくさんつくっており、詩も書いていたが、どうしてこんなにわいてくるのだろうと思うほどどんどんできて、そのノートをいつも読み返して楽しんでいた。しかし、この『葛の花……』が載っている『海やまのあひだ』という本を座右に置くようになってからは、ピッタリ、自分の歌も詩もつくるのをやめてしまった。折口の歌は、都会の騒音のなかにあって、ふと、深山の谷を渡る風の音が胸をかすめるような、そんな静けさを感じさせた。

9　演劇・絵画・映画などとの出会い

チェーホフと地つづき　俳優の芦田伸介さんは、学生時代にチェーホフに心酔しており、特に『伯父ワーニャ』には大きな感動を受けていた。

東京外国語学校の学生であった一九三八（昭和一三）年四月の下旬に、芦田さんは、ひとりぼっちで満州の大連の町を歩いていた。この大連の町で『伯父ワーニャ』の演劇を見たことも、彼を演劇の道に進ませる機会になったことは間違いないけれども、もっと強いインパクトは、チェーホフがそこ

にいたという実感だったのである。

満州の大連からずっと歩いていけば、たとえ遙かに遠いユーラシア大陸の向こうであったにしても、チェーホフの生まれた土地であるタガンローグや『伯父ワーニャ』が書かれたメーリホヴォがある。とにかくそれは、歩いていくといつかは辿り着ける地つづきの場所であり、それに確実につながっている大地に自分も立っているのだ、という実感によって、芦田さんは、演劇の道を進む決心をしたのだった。

絵の輝き

画家の岡本太郎さんは、十八歳でパリに渡ったときに、ルーブル美術館へいき、たくさんの絵を見たあとで、ついたての陰にあったセザンヌ（一八三九〜一九〇六）の絵を初めて見た。いままでの絵とまるで違って、アッと思うほど自由に輝いて、ひじょうに豊かなタッチで描かれているこの絵をジッと見つめているうちに、喜びが押し寄せ、涙があふれてきて、彼はその前にずっと立ちつくしていた。下宿に向かって泣きながら歩いて帰ったのを、彼はよく憶えている。

その二年後に、ポール・ローザンベール画廊でピカソ（一八八一〜一九七三）の抽象画を見たときにも同じような体験を味わった。

しかし、そのあとで同じ絵を眺めてもこれという感動もなかった。あのような強い衝撃を受けるというのは、それをチャンスに自己発見をする、つまり、自己を確認したのだ、ということを岡本太郎さんは悟ったのである。

時計と少女

映画評論家の淀川長治さんは、四歳から、毎週六本ずつ映画を見てきたのであったが、十歳のときに、アメリカ映画『ウーマン』がきて、これを見て、活動写真（映画）の本質を知った。

その映画は、五編から成っていて、すべてが女の物語であり、アダムとイヴからはじまって、各国の女のエピソードが描かれていた。

そのなかには、『マテオ・ファルコーネ』を書きかえたと思われる短編もあった。これは、逃亡兵をかくまってビクビクしていたところへ、追手がくる。そして、その追手が、かくまった少女に、銀時計をやろうといって、少女の目の前で時計を見せびらかす。その時計ほしさに少女は、ついに、逃亡兵の隠れ場所を教える、といったシーンだった。こうしたシーンは、活動写真以外、絶対に表現できないものだと思って、そのときから、自分は活動写真とともに生きよう、と決めたのであった。

10　音楽との出会い

ピアフの「枯葉」　歌手の岸洋子さんは、東京芸術大学の声楽科を卒業して専攻科に入り、ドイツへの留学が内定していたときに、膠原病にかかって、病院を転々としていた。

そして、音楽を一切断って療養しているとき、死のうとまで考えていたある夜、友だちが見舞いにくれた一枚のレコードを、ステレオにかけた。

これはクラシックじゃないから音楽ではないのだと思いこんでいた岸さんは、エディット・ピアフが歌っているシャンソンを聞いたときに、こんな音楽の世界もあったのかと初めて悟って、胸がふるえた。

そして、その夜から、岸さんは、シャンソンにとりつかれて、気をとり直し、シャンソンを口ずさむようになると不思議に病気も治り、ついにはシャンソン歌手になって、二回も、レコード大賞、歌唱賞をもらったのである。

11 自然との出会い

風に抱かれて

臨済宗妙心寺派の管長を勤めた山田無文さんは、東京の河口慧海の雪山精舎で禅の修行をしていたときに、厳しい修行のために一年ほどで結核に倒れ、医者からも見放されてしまった。

そこで、故郷の山奥に帰って寝ていたときに、もう死ぬのではないかと悲観していた。そんな夏のある日に、縁側に這い出して座って涼んでいたら、ひじょうに気持ちのいい風が吹いてきた。ああ、いい風だなァと思いながら、ふと考えた。風は空気が動いて起きるのだ、そういえば空気というものがあったんだなァ、と気がつくと、この空気が自分を守っていてくれたじゃないか、自分は孤独じゃないんだ、この大自然の大きな力に抱かれて生きていたのだ、と思い、急に泣けてきて涙が止まらなくなった。そして、自分は、生きていたのではなくて生かされていたのだ、ということに気がついたら、気分がすぐれて少しずつ元気が出てきて、やがて病気が治ったのである。

世界のなかに存在する人間は、言葉だとか、目に見える文字だとか、具体的に信号を伝える記号だけに反応するのではない。山の中を歩いているときに落ち葉を踏むカサカサという音とか、あるいは、田んぼを歩いているときのカエルの声、または、海の波の音、そういった思いもよらぬ宇宙の声に感動することがある。

出会いというのは、人間を超えて世界自身のあるがままのあざやかさに人が触れ合い魅せられる「悟り」の瞬間であり、場所との一体感である、と李禹煥さんは述べている。

山小屋の時計

評論家の俵萌子さんは、一九七二年に、友だちから誘われて、那須の山奥で、三家族共同の山小屋生活を送った。

電気がきているだけで、水もない生活である。水を汲んだり、道をつけたり、魚を釣ったりする、自然にかえった生活を四日ばかり送ったときに、彼女は、東京で送っている、マスコミにモミクチャにされる忙しい生活が空しいものだ、ということに、ハッと気がついた。

そして、それまでの、男に追いつき追い越せという、シャニムニ頑張る生活――すべての価値観が一挙に崩れ落ちるのを経験したのである。

花は咲いている

一九六八年十一月十二日から三日間神戸市で開かれた第十六回日本精神衛生全国大会では、「現代をこう生きる」という公開座談会が行われた。

そのとき、小原流華道教師の小原雅子さんは、出会いを大切にして自分を見つめること、信念をもつこと、未来のビジョンをもつことが大切だ、という話をした。

小原さんは「花や花器との出会い」という言葉で、日本の伝統的な芸術のなかに秘められていた考え方を話してくれた。「花との出会い」というのは、私に「出会い」ということを見直させる機会となった新しい考えであった。

東由多加さんが紹介しているこんな話がある。

ある友人は、ベトナム戦争の頃に南ベトナムへいって、戦場で一輪の花が風に揺れているのを見て、どんな悲惨な戦いの場でも花だけは美しく咲いているものだ、ということにすっかり心を奪われて戻ってきた。そして、現在は「花の企画社」という、花の栽培から販売までを行う会社の社長になっている。これも花との出会いの例である。

12 社会との出会い

六万人のデモ

キリスト教伝道者であり社会運動家でもある賀川豊彦（一八八八〜一九六〇）は、中学二年のときに偶然訪ねた徳島の教会で、アメリカ人の宣教師であったマスヤの説教を聞いてひじょうに感動して、自分も伝道者になろうと思い立った。

こうして、彼は、神戸の貧民地区へ住み込んだのであるが、周囲の事情を改良することはほとんどできなかった。

のちに二年間プリンストン大学へ留学することになった賀川は、ある日、ニューヨークで六万人の労働組合のデモを見たのである。信仰の力だけで貧民地区の改良ができると思っていたのは間違いで、失業とか半失業をなくすためには、労働組合をつくって、失業者が出ないようにすることのほうが大事だと悟って、帰国後は伝道だけではなくて、組合運動をはじめ、一九一七年に日本最初の労働組合である友愛会の関西労働同盟会をつくったのであった。

カルチャーショック

また、外国との出会いに衝撃を感じる人もいる。

野村生涯教育センターの理事長を勤める野村佳子さんは、昭和三十七年頃から、生涯教育ということを勉強しはじめた。

ところが、その勉強にいき詰まったときに、夫に勧められて外国にいくことになった。ソ連、ヨーロッパ、アメリカを経た世界一周の旅が、野村さんにとっては外国との出会いであった。そうして外から日本を見る、あるいは、日本を世界のなかに位置づけて見ると、日本のよさや悪さがはっきり見えてきたし、外国の革命やレジスタンスや戦争の歴史のうえに成り立っている自由や平和が、野村さんに多くのことを教えてくれた。

インドのガンジーは弁護士だったが、二十四歳のときに南アフリカ共和国へ仕事に行って、そこで働いているインド人たちがひどい差別をされていることを知った。人種差別をやめさせるために、彼はそのまま帰国しないでサチャグラハ（正しいことを守る）運動をおこした。その後二十年目にこの運動がみのってインド人差別の法律はついに廃止されたのである。

13 病気との出会い

限られた時間　東京大学法学部の教授で政治史を教えている篠原一さんは、年をとってからガンだと診断された。それから考えがぐっと変わって、健康と時間には限りがあるものだということをひしひしと実感し、考えが大きく変わったのである。

政治史の学問に急に活気をおぼえ、講義の内容がガラッと変わって、片隅に置かれていたものの意味を問い直す作業に興味をもつようになった。そして、自分の学問が新しい恋人のような気がしてくるとともに、学問は自分一人でできるものと考えていたのを改めて、学問の継承を大事だと思うようになり、若い研究者の養成に力を入れるようになったのである。

喀血と鎖

フランスにも病気との出会いのエピソードがある。

アンドレ・ジードはいくつかの小説を発表したが無視されたので、悲観して二十四歳の時にアルジェリアへ傷心の旅に出た。旅さきで喀血したジードは一年あまり病床に伏すことになり、その期間にこれまでの自分が古い道徳にしばられていたために自由にほんとうのことを書けていなかったことに気付いて、新しい作品を書き始めたのであった。

ひまつぶしの才能

アンリ・マチスは、法律を学んで法律事務所に勤めていた二十一歳の春、虫垂炎にかかった。手術後に家で静養していたとき、絵が好きだった母親に「ひまつぶしに絵でも描いてみなさい」とすすめられて初めてマチスは自分の才能に気づいたのである。翌年には画家になる決心を固めてパリに出た。

以上に挙げた多くの例をとおして、心と心との出会いが、人と人との間ばかりでなしに、人とさまざまなものとの間でも起きることが明らかになった。どんな力が働くとこのような感動的な出会いがおきるのか、人間がどのような状況におかれると出会いが起きやすいのかを次章で探ってみたい。

Ⅶ　つくられた出会い

この章では、心と心の触れあいによる自己内面の変革を、人工的に集団の力（グループ・ダイナミックス）でひきおこそうという発明について述べよう。これが、エンカウンター・グループである。

エンカウンター・グループ

一九六八年の芸術科学部門のアカデミー賞を受けた映画『自己内面への旅』は、エンカウンター・グループ（出会い集団）を四十七分にわたって紹介する映画であって、これを、日本精神技術研究所が『出会いへの道』として邦訳のうえプリントしている。

この映画は、カール・ロジャーズとリチャード・ファースン（ディック）が、ファシリテーター（促進者、進行係のようなもの）として参加して、全米の各地から集まった男四人、女四人の合計八名の人たちが、この映画をとられるということを承知のうえで、初めて全員が顔を合わせる。お互い同士は全然知らない者同士であるけれども、「ほんとうの自分というのは何だろう」「他人とほんとうに触れ合うことができるだろうか」ということを知りたい気持ちだけは一つである。

エンカウンター・グループというのは、いろんな差別――職業、地位、学歴、年齢、性別、人種など――を一切なくして、全員がまったく同じ、平等な一人の人間として、心から率直に話合い、思ったことをそのまま話すつどいなのである。

私たちは、普通、この世の中にいると、自分がほんとうに思うことを話したり態度にあらわすこ

ロジャーズ『エンカウンター・グループス』表紙(ペンギン・ブックス)

とはなかなかできない。社会的制約もあるし、自分の恥ずかしさが邪魔する場合もある。たとえば、「あなたを嫌いだ」とか、あるいは、「私はとても甘えたいのです」などというほんねをなるべくほかの人には見せないようにして、いわば外側に鎧を着たような、あるいは顔にお面をかぶったようなたてまえだけの生活を私たちは送っている。

そんなふうだからこそ、誤解し合ったり、どうも信用できないと疑ってみたり、憎み合ったり、または、自分だけが一人寂しく孤独に沈みこんだりしてしまう。

そこで、そうした鎧とかマスクを取り去って、本当にみんながあるがままの人間になって、それをお互いに受け容れてあげ、ほんものの人間の心にじかに触れ合う機会を与える。これがエンカウンター・グループの目的である。映画の紹介をする前に、このグループについて説明しておこう。

自己内面への旅

ほかの人から「お前は固い顔をしているから嫌いだ」といわれれば、これから固い顔をしないようにしようと思うが、それまでは誰も言ってくれないから、自分のことでも自分にはわからない。ほかの人がセックスなどやはり自分と同じことをしている、ということを知れば、自分だけではなかったのかと思って、恥ずかしがらなくなる。こうして、ほんとうに自分のことがよくわかるようになり、いわば、自己との出会いがおきる。あるいは、ほんとうのほかの人の実情もわかって、ほかの人との「出会い」、心と心の触れあいが起きる。

参加者は、別に性格が変わるわけではなくて、グループのおかげで、これまで見えなかった自分自身が見えてくるし、自分の生きている世界に気づき、感じなかったものを感じるようになるだけである。二つの存在が出会うと、まなざしによって見つめ合うことによって、感覚がおきるのであるから、判断や思考はわきへ追いやっておいて、感じることに努めることが大切なのだ。

エンカウンター・グループは、人間関係のもちかた訓練の一つであって、人間体験のうちの非理性的なものを重視する傾向をもち、心身精神が一体であること、自分や自分の体をみつめて、自分を知り、自分を好み、自分の重要さを認め、自分が行うことに自信をもち、自分に責任をもつことを学ぶ。任意性、自然性を重んじ、自己をだますことや仮面をかぶってごまかすことをやめ、率直と正直を重んじる。原始的だとか、非理性的だとか、わいせつだとかいう考えを捨て、現実と現在とをありのままに受け容れ、今と此処を楽しむようにする。

エンカウンター・グループは、Tグループとか感受性訓練などとも呼ばれているが原理は同じである。

日常生活ではとうてい考えられないようなしかたで、自己をさらけ出すことによって、お互いの間の理解・共感・励まし合いなどにより、深い友情が感じられる。かつて味わったことのない深い人間関係を通じて自分というものが見えてくる。他人も自分と同じなんだということを発見して安心する。こうして人間の内面で革命がおきるのである。

文化による非人間化、物質文明による人間疎外のせいで、物質的には豊かでも、精神的には人間の基本的欲求がみたされていない現代人に、真の人間的触れあい、心と心の触れあいを、人工的に与えるのがエンカウンター・グループである。

こうして、一人ひとりの参加者が「自己の内面への旅」をすることによって、生き生きとした自分をとり戻すことができるようになる。これがエンカウンター・グループのねらいである。

ほんとうの自分とは

これは、社会的な順応の衣を取り去って、ほんとうの深いところにある自分自身というものをあらわにする、あるいは発見するための方法である。

エンカウンター・グループは、数時間、あるいは、夕方一時間だけ、というふうなものから、夜寝て二日にまたがるもの、あるいは、夜寝ないで四十八時間ぶっ続けにする「マラソン・エンカウンター」と呼ばれるものもある。

参加者が集まったときには、お互いに見知らぬ同士であるけれども、固い雰囲気を打ち破るために、ファシリテーターがまず最初に、「部屋の中を丸く歩きましょう」とか、あるいは、「お互いに握手しよう」とか「目と目を見つめ合いましょう」あるいは、「深呼吸をしよう」というふうなことをいう。そのあとは、ファシリテーターが何もいわずに黙っていても、参加者が、黙ってジッとしていることに耐えきれなくて、勝手に「こうやっていてももったいないから自己紹介でもしましょうか」などと話し出すことが多い。あるいは、ファシリテーターが、何でもいいから思っていることを言ってごらんなさい、と言うと、「いつも自分の上役にイライラして敵意を持っている」とか、あるいは、「ときどき大声でワッと叫びたくなることがある」とかいうふうなことを、参加者が話しはじめる。

自分をさらけ出したり、あるいは、ほかの参加者から敵意を向けられてびっくりしたりするまでには、まだ少し時間がかかる。

相手の体のどこが好きで、どこが嫌いかとか、あるいは、その人柄をどういうふうに感じるか、というふうなことを言わせる。そして、なにか、表面的なごまかしとかお世辞をいうとかだけではなくて、もしも嫌いなら「嫌い」とはっきり言うように、命じられる。「あの男は、私のあのいやだった父親に似てるからどうもいけ好かない」というふうに思った通りを言う。そして、ほんとならばお父さんに向かって言いたかったことを、全部、そこで吐かせてしまう。

参加者のある者は、ひとにさわられるのをとても恐れている。そういう人を床に寝かせて、みんなでその人をなでてあげたり、握手をし合ったりする。そして、それは思ったほど気持ちが悪くないものだということを体験させるのである。

こうして、思ったことを口に出すということから、肉体的な接触までをまぜ合わせて、ほんとうの人間というものを味わわせる。

人間性への成長

こんなエンカウンター・グループに一度参加すると、自分の生活に対しての見方がすっかり変わってしまう。グループとしての一体感とか、あるいは、人間どうしのあたたかい感じや連帯感が生まれてくるのが普通である。

そして、数時間前まではまったく見知らぬ他人だった人たちどうしが、すぐに兄弟のようにすっかり仲よくなってしまう。

けれども、このあとで、このグループが解散して実社会へ戻っていったときに、この人たちが、そこで身につけたようなしゃべり方とか態度を実社会で示すと、ほかの人たちからは変わり者のように扱われてしまう。あまり、ズケズケ思ったままを言ったりすると、とたんに村八分にされてしまうだろう。

そこで、このグループに参加した場合は、あと、社会に戻ってからそれをどういうふうに活かしていくかということが、むしろ問題になる。

「人間が完全に受容され、そして、おびやかしやはずかしめがなくて、あたたかく、安全で自由な人間関係が成立すれば、あらゆる種類の表現が可能になる。そして、この関係を経験していけば、自己が発展し自己自身になり、そこで人間は信頼できるものになって、協力的で、社会的で、よく自己統制のできる独立した人格の安定が自然にかもし出されてくる」と心理学者のカール・ロジャーズは信じている。

一言でいえば、彼は「人間性への成長」を信頼している、ということであろう。実存主義的な心理学者ロロ・メイも、治療の場合の、人間の潜在能力に関心をもっており、患者がこれを活かすのを手助けすることが治療の目標なのだ、という意味のことを述べている。

まえおきが長くなったが、この『出会いへの道』という映画の内容を眺めてみよう。

人形としての自分

はじめに、ロジャーズがあいさつをする。「このグループのなかでは、自分がやりたいようにやってよろしい。自分らしく精いっぱいに生きるということをしてほしい。日常生活のなかではやってみようという勇気さえもてなかったような、ひととの触れ合いができるでしょう。」

このあいさつが終わると、早速、ベスという四十歳台の孤独そうな女性が、うちでネコをとてもかわいがっている、という話をする。そして「なぜそんなにネコをかわいがるかというと、ヒョッとすると主人を愛してないからか、それとも子どもたちを愛してないか、なにか、そういう原因があるかもしれない」とつけ加えるのだ。「思っていたほど子どもたちをかわいがれないし、主人をも愛せない。だれでもいいから、ちょっとでも私に言葉をかけてくれればねえ。たとえお世辞だとわかっていても『きょうはきれいね』とか言ってもらうとてもうれしいわ」とベスはいう。

ジェリーは「私はひとといっしょにいるのは好きなんだけれども、あるところまで近づくとそれ以上は近づけない」と告白する。

二十歳台の美しい混血女性ローズは、自分を知ってもらおうとすると、自分のいやなところばかり見られるような気がする。「自分のいやな面を知ったうえで、自分のあるがままの姿を好かれたいと思う」と言うのだ。

それを聞いてディックが、こう言った。「あんたがいってることはこんなふうに聞こえてるんだなァ。私はとっても美人の混血児です。そして私の声は鈴みたいなんです。たしかにかわいいし鈴みたいなきれいな声だなァと思うけれども、なんか、それ以外のものがほしいんだなァ。」

キースがローズにこう言う。「あなたはまるで セトモノの人形のように見える。さわるとこわれちゃいそうだ。」

ローズは、「私は人形じゃありません。友だちにも、あなたはきれいなハスの花みたいだって言われたんだけど、私はハスの花なんかじゃなくて人間なんです。いったいどうしたらいいの。私がそんな仮面をかぶっているなんて思ってもいなかったんだけど、前から、私はひとを寄せつけないところがある、ということに気がついていたわ。みんなが私から離れていっちゃう。私に、なにか、ひとを離れさせちゃうものがあるのかしら。それがいやで、そこから抜け出そうとしているんです。ひとを受け容れたいし、ひとに受け容れてもらいたいんです。でも、どうしたらいいのでしょうか」と嘆く。

カリーンが、「あなたは、はじめ、いやな感じがしたの。あなたの声やオーバーないい方なんかがいやだった。だけど、そのほかにほんとの自分をちっとも出してないんじゃないか、と思って近づけなかったのよ。でも、いまの言い方には、誠実な、とっても暖かいものを感じたわ。」と慰める。

ローズは、こうつぶやく。「前に、男の友だちに、キミは花嫁学校式スタイルを使うんだね、っていわれました。もっと背が高くて美人だったらいいけどなァ、というふうにいつも思ってるものだから、いつの間にかマスクをかぶったり、スタイルで補おうとするようになってしまったのです。あなたが、私のことを魅力があるとか、気どってるなァとか感じると、そうすると私はそんなふうにわざとマスクをかぶっちゃうんです。」

孤独に気づく

五十歳台の男性で、ある会社の重役であるジェリーは、「どうも、まだ、私はグループに入ってないような気がして、ベスさんだけは身近に感じられるんだけど、それはベスさんが私に似てるからかもしれませんねェ。私は友だちがいないし、友だちを必要とも思っていません」と言う。「私は友だちをほしいと思ったことはないのに、ちっとも不便だと思わなかった。だけどここではショックを受けました。私がひとを必要としてないのに、みんなはひとと触れたがっている。私は、自分で自分のことがわからなくなってしまった。」

ローズは、「私はいくらでも友だちがほしいわ。友だちがいらないなんてあなたがいうのを、とっても不思議だと思います。だけど、私はすぐ、ほかの人を批判的に見てしまう。それでいてひとには好かれたい。私がひとを好きにならないで、ひとに好きになってほしいなんて、そんな虫のいいことはできないのにねェ。私は皆さんを好きなんだけど、もっと好きになりたいんです。ジェリーさんはどうして平気なのかしら。」と不思議そうだ。

ジェリーは、「私がどうも間違っていたらしい。みんなほかの人を必要としてるように見えるから、私のほうが間違ってるんだと思います」と話した。

ベスは気がついた。「私は、これまで悪いことをみんな夫のせいにしてきました。でももうやめますわ。悪いのは主人だったんじゃなくて私だったんです。夫は私を愛してくれたのに、私はなにもしてあげられなくて。だからネコばっかりかわいがらなければならなかったんでしょう。夫が私を愛してくれないとばかり思ってましたけれども、いまやっとわかったわ。これは間違ってたんだわ。夫がもし私を愛してくれなかったら、こんなに長い間、私といっしょにやってこられるはずがないですものね。帰ったら、夫に、私のこんな気持ちを話してみましょう。きっと聞いてくれると思うわ。」

ここでジェリーが泣き出す。そうすると、ベスは、「こうして、自分の問題をみんなで話し合って、いっしょに泣けるって、すばらしいことですねェ」と叫ぶ。ベスとカリーンとジェリーがいっしょに泣いている。ジェリーは、自分が孤独だということを初めて自覚したのである。これまでは、会社の高い地位にうぬぼれて人間らしさを忘れていたのだった。

キースは、「ベスさんがさっき言ったことを聞いていたら、私の妻のことで思い当たることがありました。あなたのご主人の立場になってみると、もし、妻がそこにいたら私はどうするかなァって考えたんですよ。僕の妻も、きっと、僕に同じようなことを言うような気がする。僕が肩をポンと叩くと、たぶん、妻は胸をよせてきて、それから、ぼくは心配なんだっていうかなァ……。何を心配してるんだか、それが自分でもわからない。妻のことか、世の中のことかなァ」とつぶやく。

こだわりを捨てる

ここで、カリーンが泣いている。カリーンは言う。「あのとき、ジェリーさんのそばへとってもいきたかったんだけど、できなかった。私が黒人だから。私は、自分がなにかしようとすると、自分は黒人だって思ってしまう。そうするとなにもできなくなってしまうんです。いま出ていってジェリーさんのそばへ行ったら、ジェリーさんは迷惑に思うかしら。このまえ、ヨーロッパへいったときには人間として扱われたけれども、アメリカでは一回も人間として扱われたことがなくて、黒人として差別されてしまうんです。だから、そばへいって慰めることができるローズさんがとっても憎らしく思えて、すぐひがんで見ちゃう自分がいやなんです。ジェリーさんのことはとっても身近に感じるんです。私はちゃんとここにいるのに、自分を出せない。ジェリーさんごめんなさい、ともいえない自分が……」

ジェリーは喜ぶ。「ひとから手を差しのべてもらう。こちらからも手を差しのべる。そして心が通じ合う。こんなことがほんとにあるんですねェ。皆さんのこと、とっても身近に感じています。皆さんからとっても大きいものをもらって、ほんとうになんの抵抗もなくグループのなかに入れたんです。自分がどんな人間であっても気にかけてくれる人がいる、受け容れてくれる人がいる、ってことはとってもすばらしいことですねェ。これが人間のほんとうの姿なんですねェ。」

真実の触れ合い

以上が、『出会いへの道』の、ごく、あらすじである。こういった参加者たちの会話の間には、ファシリテーターであるロジャーズと、それからディックが、発言者「そうそう、そうです」とか、あるいは、「それはほんとうですか」とか、合の手を入れて、発言者が発言しやすいように油をさし、発言者の発言を繰り返している。発言者が「とっても好きなんです」と言うと、「ほんとに好きなんですか」というふうな合の手以外はなるべく口を出さないようにしているので、ほとんどすべて参加者の発言ばかりである。

カール・ロジャーズは、一九〇二年に米国で生まれた心理学者で、「クライエント（来談者）中心療法」という相談法を創ったカウンセリングの権威者である。

この映画に見られるように、みんなが、自分のスタイルとか、あるいは、仮面をはずして、自分の心の中の内面をさらけ出し、あるがままの自分というものに気づいていくことは、つまり、個人の心理的な成長だといえよう。そして、ほんものの自分というものをさらけ出して対話をかわしていくことが、お互いの共感や信頼をよんで、自分と他人との間に垣根のない関係をつくりあげるという点で、人間関係の間における相互信頼がいかに大事か、ということがよくわかってくる。

ここでの「出会い（エンカウンター）」というのは、「マスクをぬいだ真実の触れ合い」を意味している。エンカウンター・グループを指して、「人類が二十世紀後半に発明した人間関係分野の最大の技術だ」とロジャーズがいっているのは、疎外された人間を、人間本来の姿に戻す自己の内面への旅をする方法をつくり出した、という点を高く評価しているのである。

清水純一の作詞で、ダーク・ダックスが歌っている「ともだち」という歌がある。エンカウンター・グループの目的にぴったりの内容なので紹介しておこう。

僕たち誰もが　ともだちだから
手をつないで　歩いてゆこうよ
遠慮はいらない　ともだちだから
心を開いて　入っておいでよ

＊君は少しさびしがり屋で
心の傷をいつも背負っている人

だけど　今日からは　僕たち
みんな　みんな　みんな　ともだちさ

僕たち誰もが　ともだちだから
肩を組んで　進んでゆこうよ
言葉はいらない　ともだちだから
心を開いて　入っておいでよ

＊　二回くりかえし

出会いを大切に

立教大学の心理学教授である早坂泰次郎（はやさかたいじろう）さんは、『人間関係のトレーニング』という本で、エンカウンター・グループの一種であるＩＰＲトレーニングのことを紹介している（ＩＰＲは、Inter Personal Relationship つまり「対人関係」の略称である）。

これに参加した人びとの印象記のなかに、こんな言葉がある。

「この瞬間を大切にしないと、また時はめぐりこない。出会うこと、人と人との関係に真剣になることを気づかされた」「人を通じて、自分の家庭を見ることもできた」「自分の心のどこかに、人間というものは信頼できないものだという感じがあったのに、このトレーニングを通して人間が信頼できるものだと思った」「いまここにいる、そのことを大切にすることが、私らしく自由に振るまえることだと感じたとき、気持ちが楽になった」「一人ひとりを、この世の中でかけがえのない人だと感じたとき、急になにかがあふれ出しました。……まず、自分の周りからかかわり合いを大切にしていきたいと思います」(『人間関係のトレーニング——新しい自他を発見し信頼関係を築く』一〇九〜一三一頁)

参加者は、人生の意味が充たされるのを感じ、会社のなかの生活はつじつまを合わせ、建前を貫くだけの欺瞞のあけくれだと感じてしまうのである。「ホンモノの世界を覗いちゃったら、もう、ウソの世界には戻れませんよ」(同上、一五四頁)と言った参加者もいる。

出会いの悪影響　しかし、エンカウンター・グループでは、感動するあまり、急性の精神障害を起こすこともあるので気をつけなければいけない。これは「出会い」によるマイナス効果、悪影響の例といえよう。

ストーンとティーガーが調べたところでは、そういうエンカウンター・グループに参加したいと申し込んできた一〇五人のうち十五人が、すでに精神障害をもっている人であって、そのうち八人は参加できなかったし、こうした人たちを除外してから実行してもなおかつ二人の精神障害者を出してしまった、という。

ヤーロムたちのほかのグループの調査では、二〇九人の参加者のうちで十六人が精神障害になった。

精神障害がどういうときに発生しやすいかを調べてみると、心理的な防衛機構が弱まるとか、あるいは、エンカウンター・グループ以外の人たちとの身体的あるいは精神的な接触がある場合、攻撃的、あるいは性的、あるいは依存的な欲求が受け容れられない、という場面にぶつかって、自我の解体が強められてしまうために精神障害が起きるように見える。

こうした精神障害の発生を防ぐためには、エンカウンター・グループへの参加が自由意志によることと、非公式のものであることが望ましいし、参加者をあらかじめふるいにかけて、精神障害が起きそうな人を除外するとか、あるいは、リーダーが、これこれの行いをしてはならないという限界をはっきり示しておくこと、それから、精神科にかかっているような障害者はあらかじめ除外しておく、ということが望ましいのである。(“Modern Clinical Psychiatry” p. 778)

ここで、出会いによる悪影響のもう一つの例、留学生精神病をあげておこう。

外国へ旅行して異文化に接するとき、ことばも、風習も、考え方も違うので心理的ショックを受ける。これを「カルチャー・ショック」と言いならわしているが、これもまた出会いの結果にほかならないと思う。荻野恒一(おぎのこういち)さんも、『カルチュア・ショックと日本人』という本の中(五頁)で、旅は「異文化との出会い」だと書いている。

異なった二つの文化が接触したときの葛藤を文化摩擦と呼び、この文化摩擦によって精神分裂症が起きるのではないかと考えている人も少なくない。奥能登の辺地から大都会に出て、三ヵ月以内に急性分裂病にかかり、帰郷して治療を受けるとすみやかによくなったたくさんの人を慶応大学の客員教授である精神科医の荻野恒一さんがみたという。文化摩擦が著しい発展途上国では、先進国の二十倍も多くの急性分裂症ないしその近似疾患の患者がいるそうだ。

日本から海外に留学した学生が留学生精神病になって帰国させられる場合もかなり多い。これは異文化への不適応であろうが、やはり出会いの悪影響とも考えられ、あるいはそれまで日本文化のもとで暮らしていたのであるから、日本文化喪失による心理的ショックともいえよう。その意味では、母親喪失の子供に似た立場にある。つまり、一種の出会い喪失である。失恋なども同様に考えてよいのではなかろうか。

こうしてみると、出会いは人間の内面を改革するが、それは必ずしも良い結果ばかりでなく、悪い影響を及ぼすこともあるのだ。「朱に交われば赤くなる」などというのも、出会いの悪影響の例であろう。

裸の十六時間

エンカウンター・グループのすぐれた記録がもう一つある。

それは、シェパードとリーが共著で書いた『裸の十六時間』という本で、「集団心理実験レポート」という副題がついており、ひところかなり話題になっていた。

マーチン・シェパードは、長年、ニューヨーク市で診療に当たっている、一九三四年生まれの精神科医である。

リーは、一九二〇年にニューヨークで生まれた女性心理学者であり、三つの長編小説を発表している作家であるが、精神分析に興味をもっていて、ノリスタウン州立病院という精神病院で患者について研究をしている女性である。

この本は、十人の人間が十六時間ぶっ続けにマラソン・エンカウンターを経験した記録である。

精神分析の場合は、神経症の患者などから精神科の医者が一週間に一時間か二時間程度をかけて、自由連想法によって話を聞く、ということを心理療法として行ってきたのであるが、同じく心理療法であってもこのエンカウンターという新しい方法は、参加する人たちに新しい経験のチャンスを与えようとしているのである。

つまり、精神分析では、昔、自分が行った行動を話によって吐き出す、ということが重視されているのであるけれども、このエンカウンターでは、古い行動を解剖するだけではなくて、人と人との交わり方、あるいは、新しい人間関係の組み方を、自分が学習していこうという姿勢をもたせる、という点に特徴がある。

したがって、こういう意味でグループになって集まる集団療法が効果をあげるためには、これまでのような一時間か二時間という程度では不十分なので、たとえば金・土・日というふうな三日間をかけて、ぶっ続けで集まりを続けるということも珍しくない。これを俗にマラソン・エンカウンターと呼ぶ。

そして、三日間という場合には、むろん、夜寝たりする時間をとるが、ここに扱っている十六時間というのは、いっぺん始めたらもう寝たり休んだりしないで、ぶっ続けで行うというのが特徴であって、これを行う場所も、日常性を感じさせないような、静かな、人里離れたところを選ぶことが多い。

ここに登場する十人の人たちは、これを企画したシェパード医師の知人であって、シェパードは全員を知っているけれども、そのほかの人たちは、お互い同士、まったく会ったことがない、そういう人たちを選んである。

そして、この集まりが行われる三週間ほど前に、シェパードが、自分の友だちのなかから完全に思いつきで二十人ばかりに電話をして誘ったところが、そのうちの約半数が、時間その他の都合がつくので参加することになった。

他人についての印象

場所は、ニューヨーク市のまん中にあるシェパード医師の診察室であり、日本の病院と違って、普通のマンションの客間のようなつくりになっていて、厚いジュウタンが敷いてあったり、ゆったりとくつろげるような感じにしつらえてある。

そこへ人びとが全部集まると三十四歳のシェパードが、半ズボンにスポーツ・シャツ、サンダル履きという気楽な服装で出てきて、まずルールを説明する。

「この部屋からもし出たければ、いつでも自由に外に出ていい。ほかの人たちと話したければ外へ行って、五分以内であればだれと何を話しても結構。しかし、ここへ戻ったら、会った人となにを話したのか、みんなに報告すること。それから、話すときには、自分の感情を抑えないで感じたままを話す。利口ぶろうとか、上品ぶろうとか、ほかの人を傷つけないとか、そんなことをいっさい考えないで、やりたいと思ったことをやる。それから、もしも何かやりたいと思っても、自分はおとなだということを忘れないでほしい。

それで、いまから手順にしたがっていろいろみんなに話してもらうけれども、もしも自分が話したいということがあれば脱線してもかまわない。

それでは、まん中に一人ずつかわるがわる立って、まん中に立たされた人は何もいわないでただ立っているだけ。周りの人が、印象だけで、この人はどういう人だろうか、ということを銘々が報告してください」と、一番はじめにあいさつをする。

ボブという二十七歳の男がまん中へ立つと、リトル・プリンスという二十一歳の女性がこんなふうに批評する。「ほほえみが顔に張りついているみたい。でも、ちょっと固い感じね。とても正直で率直そう。まっ先に応じたのはいい感じよ。筋肉がすこし緊張している。それほどでもないけど。やわらかいのに強いわ。」

ボブの髪に手を伸ばして感触を探り、においをかぐ。「短く刈ってあるのね。なにか意味がありそうだけど、べつに、それほど悪いことじゃないわ。私が見るたびに笑顔がすてきになっていくみたい。やわらかい感じのものってとってもすばらしいと思うの。」

こういうふうにして始めるのは、一つには、一同を気楽にさせるためであるけれども、そのほかに、ほんとうに自分というものを見つめたいと思ったら、ただ話をするだけではだめなので、それ以上の探り方をする必要がある。

子どもがものを覚えるときには、それを見ているだけではなくて、オモチャにしたり、手でさわってみる、においをかいでみる、バラバラに壊してまたもと通りにくっつける、というふうなことをする。けれども、おとなになるとそういう感覚が失われてしまう。他人にさわったりするのは気まずいとか、ていさいが悪いとか、そんなふうに自分のしたいことを自分から制限しているからさわらないにすぎないのだ。

他人も同じと知る

その次に、シェパードは「現在の生活で一番つらいと思っていることを、銘々三分ずつ話してもらいたい」と言う。

「ひとに好かれないことがつらい」「ひとを愛することができない」「自分をさらけ出すのがこわい」「ひとからいつも幸せそうに見えると言われることがつらい」「孤独がつらい」「他人に怒りをぶつけられないのがつらい」「自分も女なのに、道でいき会うほかの女性に不安を覚える」「怒りをあらわせないのがつらい」「積極的な態度をとれないのがつらい」「人間が不正直なのがつらい」「あたたかい人間関係をきずけないのがつらい」「自分が偽善者だというのがつらい」「ニセモノが横行していることがつらい」などと次々に告白する。

それが終わると今度は、「一番恥ずかしいと思うことをみんなしゃべりなさい」という指示が出る。

「夫とすぐにロゲンカをするのが恥ずかしい」「マスターベーションをすること」――すると、シェパードは、そういった男に向かって、「ズボンのなかへ手を入れてペニスにさわりながら話してくれ」と指示する。

「どんな感じがするか」と聞かれると、その男は「反応なしだ」と答える。「さわっているという感じがするのは手のほうであるか、それともペニスのほうであるか」シェパードが聞くと、「手のほうだ」と答える。感覚を重んじさせようとしているのである。

そして、「さあ、みんなも同じことをやってみなさい」とシェパードが言う。一人の者が、「僕はごめんだなァ」と言うと、「ああ、じゃあ、キミはやらなくたっていいさ」とあっさりしたものだ。

こうしてみんなが同じ種類の経験を分かち合い、そして、ほかの人がそれぞれマスターベーションの経験を本人に話して聞かせる。

こうして、最初にマスターベーションが恥ずかしいといった男は、ほかの人たちもみんな、昔そういうことをやったし、いまもしている、ということを知ると、すっかり安心する。男の人たちがマスターベーションを恥ずかしがるということを知ってびっくりした、という女性からの発言がある。女性側からも、現在でもマスターベーションを楽しんでいる、という発言がある。

冒険をしてみよう

それが終わると、今度は、「自分がそれを考えるとひじょうに不安になる、体中が緊張する、そういう冒険というのは、いったい、自分にとってなんだろうということを考えてほしい」という指示が出る。

ある男は、同席の女性を廊下へ連れ出してキスをする。そして部屋に戻ってもう一度彼女を抱きしめる。

ほかの女性は、シェパードにキスをしてみたい、それが冒険だというふうに思うけれども、いざこれを実行してみると、そんなことを実行しても自分の夫への愛情は全然変わっていないということを発見して、彼女は大いに安心をする。

さきほど、大きい女に押さえ込まれたい、と話した男が、ほかの女性を連れてこの部屋へ戻ってくる。向こうでなにをしたのか話しなさい、といわれると、この男は「向こうの部屋で彼女にキスをして、軽くペッティングをしたんだ。これはたいへんな冒険だった」と話す。

それで、シェパードが、「もしも、彼女にそれをはねつけられたら、いったいどうなったか」と聞いてみると、「それは死ぬほどきまりが悪かったろうよ。つらいなんてもんじゃない。さっさとうちへ帰っちゃったかもしれない」と答える。

すると、ほかの女が、それを、「ほんとにあきれちゃった。意気地なしで、とってもダメな男なのね」とけなす。

そこで、シェパードは、向こうへいっしょにいった女に向かって、向こうで彼がもうちょっとここにいようと言ったら承知したかどうか、を聞くと、「もちろん承知するわよ」と答えたので、男は後悔して、「シマッタ、もう少しなにかすればよかった」と笑いながら言う。

すると、シェパードは、「拒絶されたら一大事で、不愉快でみじめきわまることになる、と思っているかぎり、キミはしょっちゅう損をするぜ。世の中は広いんだから、時には拒絶されることもあるサ。それをこわがってるから楽しむ機会を逃しちゃうんだよ。キミは、幸せになれるせっかくのチャンスを今までいつもダメにしてきたんだよ」とさとす。

次に、シェパードは、「僕はこれから服を脱ぐから、みんなにも脱いでもらいたいんだ。全部、服をとってしまいなさい」と命令する。

みんなが服を脱いだのに三人だけ脱がない人たちがいて、その人たちは「なんだか、自分がノゾキ魔になったみたいな気がする、ひじょうに落ち着かない気分だ、居心地が悪くて、まるで自分だけハダカになって、服を着た人にとり巻かれているような気がする」と告白する。

なぜ脱がないかという理由を、女性の一人は、帝王切開の跡が残っているし、もしもハダカになって男の人と握手したり、あるいは抱いてもらったら、それだけでは満足できなくなってそれ以上のことを求めてしまいそうなの、それで服を脱がなかった、と告白する。

ほかの一人の女性も同調して、「私もそんな気分になりかけている。ハダカになってだれかと体を触れ合わせたらきっとセックスをしたくなってしまうわ」と言う。男が、「じゃあ、やったらいいじゃないか」という。

シェパードはこうつぶやく。「女性のことはわからないんだけど、男性陣を見てもだれも勃起してないようだぜ。男性の参加者はキミたちとはだれもセックスしたがってないようだがね」

すると、女性は、「それはひどいわよ。私たちに全然感じてないってことじゃない」と憤慨する。

服を脱がなかった一人の女性にシェパードは告げる。「キミがさっき取り組んでた問題とこれとはなにか関係がありそうだ。つまりね、人生とは服を着ては脱ぐことの繰り返しだという言い方もできるわけサ。キミは、いっぺん服を脱いで、また着てもいいのかって聞いたね。着なきゃいけない。それも、いつ着たくなろうとそれはキミの自由なんだ。なにも、キミをハダカのまま通りへ放り出すというわけじゃないんだから」

その次にシェパードはこう述べる。「これから、ひとが自分の体に抱いている感情というものについて考えてみたい。一人ずつ部屋のまん中に立つことにしよう。ほかの人は、その人の体で一番好きなところ、嫌いなところをごく簡単に述べる」

女性の一人がまん中に立つと、みんなが乳房や乳首を褒めるが、本人は、帝王切開の跡や、足に残っている戦争で浴びた弾の傷をとても気にしている。人びとがさまざまに褒めるので、本人は、年齢とか体、あるいは、容姿全体に対して抱いていた劣等感が薄らいでくる。あまり、自分の傷跡その他を大げさに気にしすぎるよと一同から言われて、うれしそうな表情をする。

最後にそれぞれの職業当てっこをしたりするが、それでこのミーティングは終わりとなる。

以上が『裸の十六時間』のあらましである。

制約からの解放

このミーティングに参加した人たちは、実行することや堂々と生きることを教えられた。そして、みんな、小さい頃の体験の影響を残してはいたけれども、それから抜け出して人生を楽しむように励まされた。

参加者たちは、いろいろな制約から解放されて生きていくことを見出すのである。試してみては失敗し、あるいは成功するにしても、とにかく試してみるという行動が必要だ、ということを学ぶのだ。

たとえば、上半身ヌードになれと言われてやってみると、自分たちがこれまでは肉体をあまりにも気にしすぎているということがわかってくる。同じように、これは悪いことだとか、してはいけないとか、だれも愛してくれないとか、そういった恐れから、他人に対する憎しみとか偏見とかが生まれる。この恐れの大半はじつは根拠のないものだということを知るためには、このエンカウンター・グループの集まりほど有効なものはほかにない。

いままで、口に出してはいけないと思っていたことを話し、あるいは、やってはいけないことを行い、いままで聞こうとしていなかった耳のなかへ新しい情報が流れ込んできて、それが人間的成長を助けるようなキッカケになる。いままで、どんなに不必要なためらいとか禁止とかを自分自身に与えてきたか、ということを自覚し、これまでは自分をだましていたのであるが、ひとと話し合ってみると、そんなに自分をだます必要がない、ということもわかってくる。

秘められた成長力

個人は、自分自身のなかに自己理解に向かう力をもっており、そして、自己概念と基本的な態度とを併用して自主的な行動をのばしていくような果てしない力をもっている、という前提に立って、エンカウンター・グループは発展してきた。そして、純粋性、無条件の肯定的関心、共感的理解、という三つの条件さえ整えば、上述の力が開発されていくのだ、とロジャーズは述べている。

エンカウンター・グループは、それに参加する参加者がもつ潜在力と、グループ全体としての潜在力との両方を掘りおこして発揮させる空気をもっている。

自分を発見する

そして、このグループは、個人が、自分自身、ありのままにあること、感情を表明すること、社交的な仮面をぬぐことを、要求しはじめる。

エンカウンター・グループでは、否定的な感情が表明されても受け容れられるということがわかると、そこにお互いの信頼が育ちはじめる。

そして、幾人かのメンバーが自分をさらけ出したり、あるいは、それに応じてグループのメンバーがいろいろな発言をすると、そこで深い「出会い」が起きるということがわかってくる。

このエンカウンター・グループでは、日常生活で経験するよりもはるかに密接で直接的な関係を人びとが結ぶのであって、根本的な「出会い」が起きるのである。そして、メンバーは、自分の内面をグループに話すことによる、「自己の中心に向かう旅」をはじめる。

この新しい方法によると、自分を発見して、それを生産的・建設的に活かす道がある、ということを各自が発見することができる。各メンバーは、自由なやりとりのなかで、自分が他人の目にどう映っているか、ということを知る手がかりを得るようになる。自分の内面をグループにさらけ出すと、自分自身を受け容れ、ありのままの自分自身であることができるように、自分が変わってくる。エンカウンター・グループでは、個人の成長ということがはじめから強調されている。互いに尊重し合う自由な雰囲気のもとで率直に話し合い、そのなかで自分自身をよく理解したり、他の人たちともっとも深い関係をきずくことがその目標になっている。

孤独から連帯へ

自分がやさしいのにそれを表すのをためらったりするのをもうやめよう、ということを参加者みんながさとり、グループのなかに悩んでいる人がいると、その苦痛を解決したり軽くしてあげたいという、やむにやまれない気持ちが、各メンバーそれぞれの内に芽ばえてくる。動揺している人と話をする場合には、メンバーがいろいろなかたちでお互いを援助し合う。

自分が孤独だと思っているのは、ただ自分がそう思い込んでいるだけなのだと悟り、ほかの人とのお互いの相互作用というものの可能性に目ざめ、この世の中ではみんなが連帯してつながり合って生きているのだ、ということを実感することができる。

こうして、エンカウンター・グループは、非現実感、非人格性、疎遠、隔絶、といった孤独感をいやし、解決するための最善の方法である、というふうにいわれている。

それから、集団のなかへ入っていかなければだめなのだ、ということをも学ぶ。他者を尊重し、他者と共同することが基調となるコミュニティ（地域社会）としての感覚が芽ばえる。このようにして、他者を思いやる力のある集合体の一員として、参加者たちは誇りをもつようになる。この、共通の感情や体験があるという認識が、コミュニティ感覚の基礎になっている。

一般に、学習や行動の機動力は、個人に内在するものである。どの人でも価値があるし、どの人の考え方や感情や希望も考慮に価する、とみんなが考えているような雰囲気のなかでは、内的感情と内的直感にしたがった新しい生き方をしたい人たちならば、一人ひとりが自発的になる。また、それぞれの人のあるがままの多様性のなかで、自分の独自性が体験される。多様性の調和のなかで自分自身の目標へ向かうこと、また、自分であることの価値と自由とを感じることが、エンカウンター・グループではひじょうに大切である。東京理科大学の国分康孝教授は、エンカウンター・グループ（ホンネとホンネのふれ合い）での体験を次の六つにまとめている。(1)ホンネを知る（自己覚知）(2)ホンネを表現する（感情表現）(3)ホンネを主張する（自己主張）(4)他者のホンネを受け入れる（他者受容）(5)他者の行動の一貫性を信ずる（信頼感）(6)他者とのかかわりをもつ（役割遂行）（『エンカウンター』一三頁）。

こうして、エンカウンター・グループに参加すると、「出会い」を通じて、人生を感受性豊かに認識できるようになり、自分の可能性に気がついてそれを実現させはじめ、真実の感情を表明する勇気をもてるようになり、相手もそれに応じて深い関係へと変化し、個人の独立、解放、統合が育っていく。

ギリシャの一日劇、中世の倫理劇、十八世紀の催眠術師メスマーの治療グループ、だれかが話さざるをえなくなるまで沈黙を守るというクェーカー教徒の集会、聖霊降臨節の宗教集会、プロテスタントやユダヤ教ハシディズムの敬けん派、ホリイ・ローラーズなども一種のエンカウンター・グループの先駆者と考えてよかろう。そこには、非言語的レヴェルでの精神操作、その団体を信頼しての告白、お互いの牧師的いたわり、神が相手の人を通して働きかけているのだ、という共通の認識がある。オーストリア生まれの精神分析家のウィルヘルム・ライヒ（一八九七〜一九五七）が率直さと正直とを強調していたのも、原則的には同じ狙いだったと思われる。宗教や演劇が現代人を救う役割を果たしているとすれば、そこでの「出会い」が主役ではないかと考えてみることも必要であろう。

米国では一千万人以上の人がすでにエンカウンター・グループに参加したといわれ、社会的にみても大きな運動になっている。日本ではまだそこまで力が及ばないけれども、しだいにひろまり、影響を与えていきつつあるといえよう。

日本でのエンカウンター・グループに類するものは百余りあり、その最初は一九五八年に世界キリスト教協議会が東京で開かれたのを機会として、立教大学キリスト教教育研究所を中心に広まったのであった。一九六三年には、カリフォルニア大学から輸入されたものが産業能率短期大学を中心としておもに産業界に広まった。このほか、ロジャーズ派とかスラヴソン、フェントンなどカウンセリング系のものが教育・福祉界に広まっている。このグループが現代人の人間性回復に役立つことは疑問の余地がない。

しかし、このような、人工的におこした「出会い」によって、自然におきた「出会い」と同質の衝撃的な自己内面の変革を体験させることができるかどうかには疑いが残るように思われる。

Ⅷ 「わたし」と「あなた」との出会い

この章では、「出会い」についての哲学の代表としての、ブーバーの「わたしとあなた」という考えかたを紹介してみよう。

ブーバーのしごと

ユダヤ人マルティン・ブーバー（一八七八〜一九六五）は宗教哲学者であり、ウィーン、チューリッヒ、ベルリンの各大学で哲学と美術史とを専攻したのちに、ドイツのフランクフルト大学で宗教哲学と倫理学とを教えていた。

ところが、一九三三年に、ナチスの迫害に遭ったので、ドイツを逃れてその後諸国を転々とし、一九四八年、第二次世界大戦後に、イスラエルのヘブル大学社会哲学科の教授として着任し、「我と汝」の関係を基調とする独自の宗教哲学的な説を唱えて、世界の思想界に大きな影響を及ぼした人である。

彼は、ハシディズム（ユダヤ教の一種で神秘主義的な宗派）の研究と、聖書をドイツ語に訳したことと、それから、今回私たちが問題にする「わたしとあなた」の関係についての哲学的考察という、この三つのことによって有名な学者である。

彼自身が膨大な三巻の自分の著作集を、ハシディズム編と聖書編と哲学編とに分けていることからも、この三つの面での功績があったことを自他ともに認めている、と考えてよかろう。

ブーバーの生いたち

彼は、一八七八年二月八日にウィーンで生まれた。そして、彼独自の「出会い」の哲学を考え出すに至るまでに、どんな生活からそれが生まれたのかということを、どうしても見ておかなければならない。

このブーバーの父カールと母エリーゼは、マルティン・ブーバーが三歳のときに離婚し、彼は祖父母のもとで育てられた。祖父のザロモン・ブーバーは、ハスカラ（ユダヤ人の啓蒙運動）の最後の偉大な人物の一人であり、商工会議所の会頭とか銀行の頭取などをつとめながらも、ユダヤ教のミドラッシュのテキストを次から次へと出版して、ひじょうにたくさんの学問的労作を世に送った人である。

マルティン・ブーバー
（『マルティン・ブーバー』理想社）

彼が四歳の年のある日に、隣りに住んでいた二〜三歳年上の少女に自宅のバルコニーで遊んでもらっていた。そのとき、手すりによりかかっていたマルティン・ブーバーが自分の母親についてなにか話をしたところが、「いいえ、あなたのお母さんは二度と帰ってきませんよ」と、この少女が言ったのである。

わずか三歳か四歳の子どもには、離婚のことを話してもどうせわかるまいというので、祖父母は、本人には両親の離婚を隠していたから、この一言がひじょうに大きなショックをマルティン・ブーバーに与えた。そのときの「二度と帰ってきませんよ」という言葉を、彼はずっとのちまで、まるできのうのことのように思い出すことができたという。

そして、十年ほどたって、十四、五歳になると、この「二度と帰ってきませんよ」という言葉が、自分だけではなくて人類全体に関係している、ということをうっすらと感じ始め、やがて、人間と人間との間の真の「出会い」が成り立たなかった場合の「いき違い」という言葉を自分のためにつくり出したのである。

ブーバーは、幼いときに、父親の農場へ行って馬屋にしのび込み、自分が気に入っていた大きな馬に近づいて首をなでたときに、その馬が、はかり知れない他者である、ということを感じた。これが、自分というものと他者というものとを深く考えるキッカケになった、とブーバーはのちに述べている。

それから、ブーバーは、ブコヴィナにある父の農場へ行って夏休みに滞在していたときのことをも語っている。カルパチアのこの地方は、かつて、ハシディズムを信じる人たちが住んでいた場所であり、地方都市サダゴーラでこの信者たちに最初に出会ったこともブーバーに大きな影響を与えたのだ、という。

ユダヤ教の「完全な人間」

ユダヤ人であるブーバーが大学生だった頃に、テオドール・ヘルツル(一八六〇～一九〇四)によるシオニズム運動(イスラエル建国運動)が始まった。一八九七年には第一回シオニズム大会がスイスのバーゼルで開かれ、ユダヤ民族のために合法的に保証された故郷をパレスチナにつくり出す、という努力を目標にする一つの運動をブーバーは見て、それに積極的に加わっていくことになる。それは一つの世界観である。

「シオニズムは、ユダヤ民族主義とは異なったあるものであり、すべての国民に対する神の支配のはじまりである」とブーバーは述べているが、シオニズムに接してから、ユダヤ教の本質について改めて考えることになり、これを、「創造的なる原典のなかにおける民族性との目と目による出会い」である、というふうにブーバーは感じた。

のちに、ブーバーは、ハシディズムの文献、つまり、偉大なラビ、バール・シェム・トヴ（一七〇〇〜一七六〇）が書いた『イスラエルの遺言』を読んで、ハシディズムに二度目に出会うことになる。

それによって、ブーバーは、ユダヤ的なものはひじょうに人間的なものであって、人間の宗教性の内面にひそむ「完全な人間」という考え方を知り、この考えを世界に広めるのが自分の使命だと自覚したのであった。

彼による「わたし」と「あなた」との出会いの哲学は、上に述べたような彼の経験を総合した結果から生まれたものであり、彼がユダヤ人だったことと分かちがたく結びついている。

ブーバーの「わたしとあなた」

佐古（さこ）純一郎さんはこう書いている。

「一冊の書物によって、飛躍的に真理への眼が開かれるという体験を、人はその生涯にきっと持っているかと思われますが、私にとっては、たとえば（中略）三十代の半ばにゆるされたマルティン・ブーバー先生の『我と汝（われとなんじ）』（野口啓祐訳）が、まさしくそういう体験でありました。」（『ブーバー著作集』第四巻付録月報Ⅶ、一九六九）

上に、述べたような自分の体験をふまえてブーバーが一九二三年に書いた『わたしとあなた』（ふつうは『我と汝』と訳されている）という本こそ、佐古さんが目を開かれた本であり、その内容のあらましを、次に紹介してみよう。ブーバーが書いていることはかなりわかりにくいので、小林政吉さんによる『ブーバー研究』という優れた研究書やその他からの例によってわかりにくい点の意味を補いながら紹介をすすめていきたい。

この本の内容をひとことでいえば、「出会い」ということの説明である。人間が生きていくときに、自分のとる態度、「わたし」は、同じ「わたし」でも自分が語る呼びかけの言葉のあり方によって二種類の「わたし」に分かれる。この呼びかける言葉には、「わたしとそれ」という場合と「わたしとあなた」という、二つの場合がある。

第一の「わたしとそれ」という場合には、相手を一つの物体が存在するのと同じような対象として経験するという生活態度である。

第二の「わたしとあなた」という場合には、相手に呼びかけることによって、相手を「あなた」という人格として認め、この相手と、人格関係をとり結ぼうという生活態度である。

言いかえれば、第一の場合は、「彼」あるいは「彼女」、または、「それ」を利用するという経験的な人生態度であり、「それ」なくしては生きられないが、「それ」だけで生きる者は真の人間ではない。第二の場合は、相手を「あなた」として、その人とともに生きていこうという関係的態度である。これは、「わたしとあなた」という人格の交わりの現実を生み出していく全人格的な行為を指している。

「わたし」と「あなた」

このような「わたし」と「あなた」の関係について、フランスの実存哲学者・劇作家ガブリエル・マルセル(一八八九〜一九七三)がわかりやすい例(『拒絶から祈願へ』四一頁)をあげているので、紹介しておこう。

列車のなかで知らない人と同席し、天気やその日の出来事などについて言葉をかわしても、その

ガブリエル・マルセル
(『神の死と人間』中央公論社)

人は、「あなた」ではなくて「彼」である。その人の一身上のことや家族関係とか、どこから来たとか、いろんなことを聞いても、やはり、彼は「彼」であって、「あなた」にはならない。

ところが、ありふれた話をかわしているうちに、ふとしたはずみで、同じ体験をしたことを知る。昔、同じ戦線で戦ったとか、同じ先生に習ったとか、あるいは、遠い親戚だったとかいうことを知ると、「ああ、あなたもそうなんですか、あの先生もきびしかったですねェ」というふうなことを打ちあけるようになる。こうしてしだいに、「彼」は「あなた」に変わり、「わたし」もまた相手にとって「あなた」に変わっていくのである。

そうなると、お互いに相手を他者として観察することをやめて、お互いに存在の門戸を開き合う。

このような「わたしとあなた」という関係を、自然物についていえば、それは、愛情に満ちた視線を注ぐことと直観であり、人間について言えば愛である。愛というのは「わたし」と「あなた」との間の人格的な応答であり、世界に働きかけるものである。これは、すべてを開き合って、お互いに愛し合う普通の人から、人類全体を愛するキリストのような人までを含めて、いろいろな人びとに起こっている出来事である。

自己をひらく

愛がはじまるためには、まず、お互いの招きが必要である。二人の間が、友情もしくは愛によって結合されるためには、双方がはっきりと「わたしといっしょになってください」という招きを相手に向かって放たなければならない。「わたしはこれ以上自分のなかにとじこもっていたくはない、また、逃げ隠れしようとも思わない」というふうな、お互いの存在に参与したいという意思が二人の間にかわされると、たちまち、精神がその力を汲み取る生命的な縁が新たにされて結ばれる。「縁なき衆生は度し難し」というのは、出会いからすべてが始まるという意味だ。「わたし」は自己を閉じて、他人をそのなかに入らせまいとする態度を捨てて、積極的に自由にこれを開くのである。すなわち、自己を「あなた」に与え、「あなた」を迎え入れようとする。もし、「あなた」のほうでも、「あなた」を「わたし」に開き、それを「わたし」に悟らせたとすれば、愛の神秘的な共存在が実現するのである。

ロシアの哲学者ベルジャーエフ（一八七四〜一九四八）も、

「『わたし』は『あなた』に対してならばよろこんで自己をひらこうとするであろう。けれども『あなた』の代わりに『それ』に出会うならば、粗暴な接触に対して『わたし』はおのれの深みを護るのである。」（『孤独と愛と社会』一五九頁）

と述べている。

「わたし」が「あなた」を招くのは、「わたし」のなかに一種の空虚があって、「あなた」を呼び招いているからであって、「あなた」は、「あなた」を「わたし」に与えることによってのみ、これに応えるのである。

「わたし」が「あなた」を招くのは、私たちが愛によって相互に現存するためである。（『孤独と愛と社会』）

時空を越えた一体化

夫と妻の間に心の通いがあり現存がある場合には、「わたし」と「あなた」の区別さえ消えて、わたしたちという一つのものとなり、ほとんど神秘的な一体化の瞬間が体験されるのである。愛は現存において成り立つのだと言えよう。ベルギーの詩人・劇作家メーテルリンク（一八六二〜一九四九）の作中人物は恋人に向かってこう言う。

「私は自分を知る前に、あなたというものを知らなければならぬようになった。そして自分の心よりも、あなたの心のほうがよくわかる。あなたは私自身の全部よりも私に近い者になった。あなたがそこに居るということがなければ、私は自分自身を意識することもできないのです。」

まさに、これこそ「わたし」と「あなた」の時空を超えた関係なのである。「わたし」と「あなた」の間の会話は、両者の内面を直接に結ぶ絆（きずな）となる。若井勲夫（いさお）はこの時の言語についてこう述べている。

「話し手はまず内面の聴き手に語り掛けることにより表現し、聞き手は内面の語り手に傾聴することにより理解するということで、ともに良心の向かう所に基づいているのである。話し手・聞き手は直接目の前の当の相手に向かうのではなく、内面の言語場を通ることによって、互いに対面している。この内面の言語場（聴き手・語り手）は外面の話し手と聞き手の外にあるようで実は深い内面にあった。両者はこの内面をともにしながら語り合う。内面の聴き手は外面の聞き手、内面の語り手は外面の話し手の象徴的な投影ともいえよう。そしてその結びつきが形あるものとして現前化したものが言葉という象徴的なものであった。語らずともわかるというのはこの意味でいえることである。

この内面の言語場こそ永遠の汝の存在する場であった。我と汝としての対話の主題は、実はこの内面の言語場に、つまり我と汝の心の中にあったのである。しかも内面の聴き手と語り手は本質的に同一である。我は汝よと呼び掛け汝に向かいつつ、汝の我を呼び醒まし、そうして、永遠の汝に呼び掛けている。我は我の心の内面の聴き手に語りながら、同時に汝の心の内面の語り手に傾聴している。汝は汝の心の内面の語り手に傾聴しながら、我の心の内面の聴き手に語っている。内面の聴き手が内面の語り手に転ずるのは両者はもとより同じ所に存する根源的な心の両面を言っているからである。我と汝は内面の、つまり永遠の汝において相会うのである。」(『我と汝としての言葉』一一三〜一一四頁)

これをひとことで表わせば、「心と心の通い合い」「ホンネとホンネとのふれ合い」ということになろうか。他者は私と独立して実存するのであるが、「あなた」は「わたし」のためにしか存在せず、「わたし」は「あなた」のためにしか存在しない。しかも、「わたし」と「あなた」とはともに存在する限りにおいて、新しい現実を生きるのである。

「わたし」と「あなた」の関係は、相互信頼によって空間や時間を超えて成立するし、他方「わたし」と「それ」との関係は、空間や時間の制限のなかでだけ成立するにすぎない。

「わたし」と「あなた」が空間と時間とを越えて成り立っている例をドイツの精神科医フランクルのアウシュヴィッツにおける体験記から引いてみよう。収容されている人たちが作業場へ向かって行進しているシーンである。フランクルの妻はこの時、すでに殺されてしまっていた。

『なあ君、もしわれわれの女房が今われわれを見たとしたら！　多分彼女の収容所はもっといいだろう。彼女が今われわれの状態を少しも知らないといいんだが。』

するとわたしの前には私の妻の面影が立ったのであった。そしてそれから、われわれが何キロメートルも雪の中をわたったり、凍った場所を滑ったり、何度も互いに支えあったり、転んだり、ひっくり返ったりしながら、よろめき進んでいる間、もはや何の言葉も語られなかった。しかしわれわれはその時各々が、その妻のことを考えているのを知っていた。時々私は空を見上げた。そこでは星の光が薄れて暗い雲の後から朝焼けが始まっていた。そして私の精神は、それが以前の正常な生活では決して知らなかった驚くべき生き生きとした想像の中でつくり上げた面影によって満たされていたのである。私は妻と語った。私は彼女が答えるのを聞き、彼女が微笑するのを見る。私は彼女の励まし勇気づける眼差しを見る――そしてたとえそこにいなくても――彼女の眼差しは、今や昇りつつある太陽よりももっと私を照らすのであった。その時私の身をふるわし私を貫いた考えは、多くの思想家が叡智の極みとしてその生涯から生み出し、多くの詩人がそれについて歌ったあの真理を、生れて始めてつくづくと味わったということであった。すなわち愛は結局人間の実存が高く翔り得る最後のものであり、最高のものであるという真理である。私は今や、人間の詩と思想とそして――信仰とが実現すべき究極の極みであるものの意味を把握したのであった。愛による、そして愛の中の被造物の救い――これである。たとえもはやこの地上に何も残っていなくても、人間は――瞬間でもあれ――愛する人間の像に心の底深く身を捧げることによって浄福になり得るのだということが私に判ったのである。収容所という、考え得る限りの最も悲惨な外的状態、また自らを形成するための何の活動もできず、ただできることと言えばこの上ないその苦悩に耐えることだけであるような状態――このような状態においても人間は愛する眼差し（まなざし）の中に、彼が自分の中にもっている愛する人間の精神的な像を想像して、自らを充たすことができるのである。天使は無限の栄光を絶えず愛しつつ観て浄福である、と言われていることの意味を私は生れて始めて理解し得たのであった。」（『夜と霧』一二四〜一二五頁）

出会いの相互性

私と他者とは融合するのではなくて、お互いに他者であるままで向き合って出会うのである。この出会いに際しては、「わたし」も「あなた」も、どちらか片方だけが相手に向かって働きかけ、もう一方はこれをただ受け取るというのではなくて、能動も受動もいっしょになって同時に起こるというところに、出会いの特徴がある。

「わたしとあなた」という場合には、いつも、「わたし」が勝手に、気に入った相手の人を一方的に選びとってわがものとするのではなくて、「あなた」は「わたし」が求めなくても「わたし」と出会うのである。つまり、この出会いの場というのは、自分が勝手につくりあげるものではなくて、むしろ与えられたものであり、自分が相手を選びとっただけではなく、相手から選びとられるのである。「関係は相互的である。わたしが『あなた』に働きかけるように、わたしの『あなた』はわたしに働きかける」と、ブーバーは書いており、これこそが出会いの特質である。

そして、その出会いの場にとり込まれた「わたし」は、全人格をこめて「あなた」と呼びかけ、そのことによって「わたし」もはじめて「わたし」になれる。互いに働きかけ合って、「わたし」は「あなた」を形成し、「あなた」は「わたし」を形成していく。人びとは互いの働きかけ合いの出来事としての交わりのなかで、流動的に実際に生きていく。

病院でいえば、医者が患者をつくり、患者が医者をつくりあげる、ということになる。家庭ならば、父が子どもをつくり、子どもが父親をつくる。

人格の交わり

出会いの相手の人格との生き生きとした交わりの世界は、不確実で不安定な出来事ではあるが、このなかで生きようとする人は、「あなた」との人格的な共同生活のなかにとけ込んでいるので、自分もほんとうに生き生きとした人格としての「わたし」になれる。新人格主義を唱えたオーストリアの教師・神学者フェルディナンド・エーブナー（一八八二〜一九三一）も「あなたと言葉を介して関係することによって、はじめて人間は人格となるのであり、この関係を失った孤独我が罪である」と述べているとおり、人間が一個の人格として生きていくためには「あなた」との出会いが、欠くことのできない重要な意味をもっている。だから、現実的な生活はみな出会いなのであり、「真の生は出会いである」と、ブーバーは述べている。

「あなた」との交わりを生み出す精神によってだけ、労働や財産に永遠の意味が与えられるし、労働の喜びを味わうことができる。精神というのは、生きて働きかけ、社会生活にとけこみ、交わりを生み出し、「それ」の世界にしみこんで人間を変容させる力として働きかける。

「経験」の世界と「交わり」の世界

これまで述べてきたように、「わたし」と「それ」という第一の「経験」と、それから「わたし」と「あなた」という第二の「交わり」という、これら二種の人生の態度によって、自分と世界との間にはまったく違う二つの関係ができる。さらに、人間と世界との接触は三種類あって、一つは人間と自然との生活であり、第二は人間と人間との生活、第三は人間と精神的存在や芸術的文化財との生活である。この三種類の接触のそれぞれの場合に、前述の二つの態度、「わたしとそれ」「わたしとあなた」があてはまる。

ブーバーは、自然との人格的な交わりに生きた人の例としてゲーテをあげ、人と人との交わりに生きた人としてソクラテスをあげ、永遠の「あなた」である神との交わりに生きた人としてイエスをあげている。そして「わたしとそれ」という関係を典型的に示しているのがナポレオンだという。

次に三種の接し方を見よう。第一の自然との生活も、上に述べたような二種類の接し方に分かれる。第一の「経験」という態度をとる場合には、たとえば一本の木をとれば、これは何科の植物で、これを材料にして家を建てることができるとか、この木の構造はどうなっているだろうとか、植物学の分類をすると何科に属するとか、そういうことを研究する場合である。それは、自分にとって一つの対象であるにすぎない。

ところが、この同じ一本の木に対しても、交わりの態度をとるとどうなるか。

児童文学者の大川悦生(えっせい)さんが書いた「おかあさんの木」という作品からその例をとって紹介してみよう。その書き出しは、「少し昔のことだけど、あるところに一人のお母さんがおって、そのお母さんには七人の息子がおったそうな」という文章である。息子たちが戦争に行かされるたびに、お母さんは、裏のあき地に桐の木を一本ずつ植えていく。そして、その桐の木に毎日水をやりながら、「一郎おはよう、二郎おはよう、三郎、お前も戦地で元気かいなァ、卑怯なまねはせんと、お国のために手柄をたてておくれや」と言っては、桐の木をかわいがって育てていた。

ところが、ある日、長男の一郎が中国で戦死したという知らせを、役場の人がもってくる。お母さんは、他人の前では涙ひとつ見せないのだが、一人きりになると、裏のあき地へとんでいって、一郎と名付けた桐の木に抱きついて「一郎、一郎、さぞつらかったろう、弾に当たってどんなに痛かったろうね、死にたくなかったろうね」と言って泣き崩れるのである。

そして、前には、この木に向かって「卑怯なまねはせんとお国のために手柄をたてておくれ」と言っていたお母さんが、「二郎も三郎も四郎も、一郎兄さんみたいに手柄なんぞたてなくていい。隊長さんにほめられなくてもいい。きっと生きて帰ってきておくれ」と言うようになる。

ところが、このお母さんの願いはかなえられずに、七人の息子のうち六人までが死んでしまうのだ。そして、秋がきて桐の葉が落ちると「この大きいのは二郎の葉、この厚ぼったいのは三郎の葉、先がとがって細長いのは四郎の葉。これは六郎、兄弟のなかで一番やさしい子じゃった。そしてこの小さいのは七郎の葉」とつぶやきながら、お母さんが葉っぱをひろう。

この場合には、この一本の木、これはほかの木では代わりをつとめることができない。つまり、「それ」としてではなくて「あなた」として立っている木と、お母さんは人格的な交わりを続けていく。これこそ「わたし」に向かって立つ「あなた」としての木なのである。つまり、互いに向かい合って働きかけ合っている状況にほかならない。

さらに、先にも引用したヴィクトール・フランクルによる『夜と霧』という、ドイツの強制収容所に入れられた体験記録（一七二頁）には、こんな話も出ている。

アウシュヴィッツ（オシュヴェンツィムともいう）強制収容所へ入れられて死にかけていたある若い女性が、死ぬ当日にこう言った。「あそこにある木は、一人ぽっちの私のただ一つのお友だちです」。こう言ってバラックの窓の外を指さした。そこには、一本のカスタニエンの木がちょうど花盛りで立っているのが見えた。

この女性が寝ている寝台からは、バラックの病室の小さな窓を通して、ちょうど二つのローソクのような花をつけた一本の緑の枝が見えた。「この木とよくお話しますの」と彼女は言った。

フランクルは、不思議に思ってこう聞いた。「木は、あなたになにか返事をしましたか。しましたって。ではなんと言ったんですか、木は」

彼女は答えた。「あの木はこう申しましたの。私はここにいる。私はここにいる。私はいるのだ。永遠の命だ……」

これは、自然という「あなた」との出会いの例である。

第二の、人と人との関係の場合にもやはり二種類あって、「わたしとそれ」という場合と「わたしとあなた」という場合とがある。これは、すでにマルセルの文章によって説明したとおりである。「わたしとそれ」という場合には相手の人が単なる他人であって、黒い髪の、目が大きくかわいい女の子が通り過ぎていったと、チラッと思っても、それは「わたしとそれ」の例にすぎない。しかし、この女性に恋をして「わたしとあなた」という関係になった場合を考えてみよう。そのときには、ほかの人と比べることができない、独特の全体としての「あなた」としての一人の人間がそこに立っていて、この人と自分が交わりを結んで、ほんとうの人と人との間の生活の現実が生まれてくるのである。

「あなた」としての絵

それから、第三の、人間と精神的存在との関係でも、やはり、上に述べたような二種類の接し方に分かれる。「それ」という場合には単に一枚の絵がかかっているにすぎなくても、「わたしとあなた」という場合には、ほかの絵と比べることができない、独特の「あなた」としての絵が、「わたし」に迫ってくる。絵に向かって、「わたし」は、全人格をもって、これを一つの芸術的作品として完成しようと努めるのである。

作家の井上靖さんは、『わが一期一会（いちごいちえ）』という本の巻末で、一生忘れることのできないような感動を受けた壁画について語っている。それは、イタリアのフィレンツェ市のサンタ・クローチェ寺院で見たジョットの壁画『聖フランチェスコの死』である。

「薄暗い寺院の正面の礼拝堂の左右にジョットの大壁画が四枚ずつ対かい合っていたが、右手のほうの二枚壁画に聖書の臨終の場面が取り扱われていた。一枚には半身を起こした聖者が、一枚には横臥している聖者が描かれてあり、共に剝落が激しかった。聖者も静かであれば、そこに迫りつつある死も静かであった。寺院から外に出たとき、私は、初めて、自分が一人の聖者の死に立ち会わされていたことを知った。そして自分が自分の周囲の人の死に、果たしていまのようにおごそかに、敬虔に立ち会うことができるかどうか、甚だ自信がない気持であった。私は宗教画というものは苦手であるが、このジョットの『聖フランチェスコの死』から受けた感動は大きかった。」(二四〇〜二四一頁)

映画『ロングラン』をアメリカで監督撮影したフォト・ジャーナリストの吉田ルイ子さんは、フルブライト留学生として渡米して、コロンビア大学のフォト・ジャーナリズム科に一年ほど通ったとき、ニューヨークの現代美術館で、ユージン・スミスの写真を一枚見た。

その写真は、南部の黒人の助産婦が赤ん坊をとりあげて、その羊水が逆光を浴びて光っており、それを窓の外からジッと二人の黒人の子どもが見ていて、瞳がキラキラ光っている、というものだった。

生命の誕生のドラマをこれほど力強く表現できるものは、写真しかない。だから写真を撮ろうと、こう考えた吉田さんは、それまでカメラを持ったこともなかったのに、その瞬間から写真科に変わってしまった。彼女が二十六歳のときの出来事だった。

「あなた」と「それ」とのうつろい

ところが、いちど「彼」が「あなた」に変わったとしても、いつまでも「あなた」にとどまっているとは限らない。夫にとって妻が「あなた」ではなくなり、ただ非難をしたりこごとを言ったりするための対象にすぎなくなることがある。そのとき、妻は、「あなた」ではなくて「それ」になっているのである。すでに、現存（心を通わせていっしょにいること）ではなくて、心の通いが跡絶えて、たとえ同じ部屋にいても、二人は互いに単なる他者にすぎなくなる。

夫婦というのは、「わたし」が「あなた」を認めずに、自分の楽しみにふけるための相手としてお互いをみなすというようなものであってはならない。男女は、お互いに「わたし」と「あなた」との交わりを生きる生活共同体でなければならず、「あなた」という関係こそが結婚をつくり出し、真の人間生活を創り出すのであるから。恋人の場合でも、初めこそ「あなたとわたし」というふうに呼び合っていても、いつかは愛がさめて、必ずしもその恋人でなくても、ほかの人に取り替えてもいい、などと思うようになれば、その恋人はもはや「あなた」ではなくて「それ」に変わってしまう。習慣とか、あるいは、客体化されやすい肉体を持っているとかいったことから、現存、つまり心を通わせていっしょにいることが忘れられてしまうのである。こうして昨日までの「あなた」は「それ」に変わるけれども、実はもう一度「あなた」に戻ることをジッと待っている『それ』である。

これをブーバーは次のように述べている。「『それ』は永遠のサナギであり、『あなた』は永遠のチョウである」。しかも、この二つは お互いにはっきり分かれてあらわれる二つの状態ではなくて、時々、もつれ合っており、二つのあらわれかたをしているたった一つの出来事である。

赤ちゃんの「あなた」　人間の子どもが生まれる場合を考えてみると、最初は母親の胎内にあって母親と一体になって生きているけれども、出産によって母との分離がはじまる。しかしながら、生まれたあとでも、まだ、自分と他人とが違うものだとか、あるいは、自然の環境と自分とが別のものだという感じがないので、結ばれた感じをもって生きている。そして、目があくようになると、母親を「あなた」として区別し始め、部屋のなかに見えるものすべてについてほほえみかけたり語りかけたりすることを覚える。それは、すべてのものと交わりを結ぼうとする衝動であって、これは、生まれながらにして与えられている先天的な交わりとでもいえよう。

ところが、生後八カ月くらいの幼児では、自分が感じている自分の体と、外から見える自分の体（たとえば鏡像）、他人の体、の三つの区別がつかないらしい。この子どもがしだいに成長してきて、自分と母とは別の個体だということがわかってくると、いま自分が出会っている「あなた」として、自分ではないほかの人格として母親を認めることになる。つまり、体験された交わりとして、まず母親を認識する。

この場合に、母親に養われたり慰められたりする「わたし」ということが、子どもにもわかってくる。このことを、「人は『あなた』に会って『わたし』になる」という表現でブーバーは述べている。

スペインの思想家オルテーガ・イ・ガセー（一八八三〜一九五五）はこの事情を次のように記す。

「だれでも自分自身のことに気がつく以前に、『わたし』ではないもの、他者がいるという根源的体験をすでに持っているのである。」（『オルテガ著作集5』一三四頁）

つまり、生まれながらにして、人間は他者に開かれており、他者を考慮に入れる用意がつねにできているのである。しかし、ある一人の他者を相手にしてゆくに応じて、その他者は私にとって近いものとなり、他の人たちとは区別された唯一特定の他者、つまり「あなた」になるのだ。

こうして自覚されてきた「わたし」は、「わたしとあなた」という関係をつくろうとする。しかし、この「あなた」は、たちまち、「彼」とか「彼女」とか、あるいは「それ」に変わっていく。つまり、「それ」はもはや「あなた」ではなく、経験として利用できる「それ」であって、『それ』の世界」を形成する。

このようにして、子どもの交わりのなかから、しだいに、「わたしとあなた」という関係、あるいは「自分と他人」という関係が分かれてできてきて、それを子どもは世界のなかに次々と組み入れて利用していく。

一方では、出会いのなかでほんとうに生き生きとして具体的な「あなた」をつくりあげ、これによって、交わりのなかで生きる「わたし」を生み出していくが、同時に、他方では、道具としての「それ」を利用して「わたし」が成長していく。

「それ」の世界の悲しみ

ブーバーによれば、人生の態度には、上に述べたように、能率よく生きるための「経験と利用」あるいは、ほんとうの「わたし」を発見するための「交わりと実現」という二種類の異なった態度があり、これら二つは、別々に対立するものではなくて、一人ひとりの心と行動において交差し合うものである。けれども、「それ」の世界を経験と利用とによって支配していこうという知的生活が、実際には交わりをつくっていく力の根源である精神生活を妨げていることに気づいていない人が大部分だ。

歴史が進むとともに、「あなた」の世界はしだいに「それ」の世界に変えられていく。つまり、いままでの、人と人との間柄としての「あなたとわたし」という関係が、「わたしとそれ」という関係に変わってしまうところに、人間の悲しみがある。

「それ」の世界は、社会組織と、感情生活という二つのかたちをもっている。これらの形に人間がとじこもるときには、「わたし」と「あなた」との生き生きとした相互関係や生きた関係がないので、真の愛による共同体がなくなり、人びとは真の人間を知らず、自分は巨大な「それ」という機械のなかの小さな「それ」という歯車になってしまう。労働も所有も、すべていっときのはかないものであって、永遠の意味をもつことができない。

「わたし」と「それ」の関係では、ひたすらに「それ」の世界を認識し、技術的に利用するだけで、本質的な「あなた」との関係を忘れ去ってしまう。その結果、お互いに不信感を抱いて対話が不能となり、ついにお互いの間に危機がもたらされる。

人間が利益をもたらす機械としか考えられていない「それ」社会では、人間実存の唯一の理由は収益にほかならず、お互いの主観的関係は失われている。相手が死んでも、ロボットが一台壊れたのと同じにしか受けとられない。愛のないこのような世界は、もはや人間の世界とは言えまい。

こうなると、自分と世界との間の対立や不調和に悩み、その間を揺れ動いて、人間は、自分自身が編み出した世界をもはや支配することができなくなる。技術と経済と政治の三つの面で、こういう現象が起きているのが現代の特徴である。（児島洋『ブーバー』二五九〜二六四頁）

「それ」を「あなた」に変える

マルセルは一九五八年に来日したとき、哲学の役割について述べたことがある。その第一は、現代の世界の危機と呼ばれるものの本質である非人間化ないし自己疎外について、適確な診断を与えることであり、第二は、そのような世界で忘れられ押し殺されている、人間のもっとも深いところにひそむものに光を当て、よみがえらせることであると。

このような危機をのりこえるには、どうすればよいのだろうか。人間が疎外されている、いわゆる「こわれた世界」（ル・モンド・キャッセ）（マルセル『存在と神秘』）において、「それ」に対して「わたしとあなた」という言葉を語りかけて、それを再び「あなた」に戻す。そうすることによって「わたし」をも、交わりのなかの「わたし」へと蘇らせていき、交わりの現在を永遠の「いま」として生きていくことができる。そこに、ブーバーは、現代の危機をのりこえるための人間の使命というものを見つけているのだ、と小林政吉さんは『ブーバー研究』で述べている。

永遠の「あなた」

次に、ブーバーは神との出会いについてこう述べている。

「わたし」と「あなた」との関係は、すべていつの日にか「わたし」と「それ」に変わるので、人間は孤独に陥って悲しみにくれてしまう。「あなた」が「それ」になると、一切が排他的になり、孤独になった人間は永遠の「あなた」を探し求める。それこそ神であって、「それ」へと変わることのない、永遠の「あなた」であり、私たちは個々の「あなた」を通して、この永遠の「あなた」をかいま見たり、永遠の「あなた」に呼びかけたりする。

永遠の「あなた」との出会いとは、「あなた」のうちにすべてを見ることであり、この世の中を「わたし」と「あなた」の関係に立て直すことである。「わたし」と「あなた」の関係が成り立てば、この世のすべてを放棄したり、排除したりせずに、「あなた」の正義と真実とを認めて、一切を永遠の「あなた」のなかにつかむのである。

全存在をあげて「あなた」へ行き、「あなた」の下へすべてのこの世の存在をもたらそうとする人が、神を見出すであろう。

人は、外界で神を探してみても無駄であって、この世のすべてはすでに神を宿しており、個々の「あなた」と「わたし」の関係こそ、神との関係をかいま見る場なのである。

私たちが、快楽、芸術、陶酔などの自分の目標をすべて手に入れたとしてもそんなものは生き甲斐をもたらさず、世界を信じる人だけが生き甲斐をもつことができるのである。その世界とは、わたしの生活、わたしの決断、わたしの仕事、わたしの奉仕によって生じ、わたししだいのものなのである。わたしたちが永遠の真実の世界を愛して、わたしたちの精神の腕で世界を抱きしめるならば、この世界を支えている神に出会うであろう。

つまり、孤独に悩む人間を救ってくれる神はすでに私たちの傍にいるのであり、隣人との間で「わたし」と「あなた」の関係を結べばそれが神に出会えるみちなのだ、とブーバーは説いている。

以上がブーバーの『わたしとあなた』という本の要点だが、神については、クーンも似たようなことを書いている。「他者のために意欲し、考え、感じながら生きること、つまり、他者への愛のうちにある現存在を神的と呼ぶ。なぜなら、その愛は人間には与えられていない、心を読みとる視界に対する人間的実存的な対応物だからである。こうした現存在の形式を満たすことが、神聖さにほかならない」(『存在との出会い』二〇五頁)と。

言いかれば、他人に対する実存的な人間の愛の中に神が宿っているというのだ。トルストイはこれを短く「愛あるところ神あり」と表現している。

「出会い」と神学

スイスの弁証法神学者であるエミール・ブルンナー(一八八九〜一九六六)は、出会いについての考えを神学の基礎概念とした。

人格的出会いの思想は、オーストリアの教師フェルディナンド・エーブナーやマルティン・ブーバーによって展開されたけれども、ブルンナーは、それを神学のなかへと導入したのである。「出会いというのは、人格的な主体相互の関係の出来事であって、聖書の真理は出会いとしての真理である」というのが彼の説である。

教理のなかに真理を見出すのではなくて、出会いの人格主義的思想に導かれて、神と人との出会いの生きた現実のなかに真理を見出だそう、というのが彼の説の要点である。それは、『聖書の真理の性格・出会いとしての真理』（一九三八）という本の中に記されており、彼は、こうした聖書的な神学を打ち立てようとしたのである。

この本の中で、キリスト教的な真理の概念というのが、ギリシャ的な真理の概念と違う、ということをブルンナーは述べている。

そして、ギリシャ的真理の概念というのは、主観と客観との対立関係にこだわるのであるが、キリスト教的な真理の概念では、「出会い」とか、あるいは、人格的な「交わり」という考えでこれを説明して、主観主義でも客観主義でもない第三の道としてのキリスト教神学の道を示そうとしたのであった。

たとえば、「神の啓示」といっても、これは客観的なものではなくて、神が人間に対して、自己の主権を主張するとともに、また、愛の交わりを与える人格的な行為である。あるいは、「信仰」といっても、これは主観的なものではなくて、神の行為に対する無条件な信頼と服従という人格的な行為である。したがって、神の啓示も、信仰も、ともに、「わたし」と「あなた」との出会いとしてだけ理解できるものである。

出会いによる神の王国

以上に、ブーバーによる「出会い」の哲学と、ブルンナーによるその神学への発展の例を紹介した。ブーバーは、「出会い」にも、「それ」との出会いと、「あなた」との出会いとの二種類があり、この二つは互いに入れ代わること、永遠に「それ」にならずに「あなた」で留まるのが神であること、を示した。

ブーバーは、心と心が通い合う出会いを「わたし」と「あなた」の出会いと名づけた。名づけたかどうかは別として、そこまでのことはだれにも考えつけよう。しかし、「あなた」と「それ」が互いに移り変わるというダイナミックな考え方と、移り変わらない永遠の「あなた」が神である、というユニークな発想はブーバー独特のものである。

人間疎外を「それ」という記号で置き換えるなど、社会現象を「出会い」で解釈し直してみるのも面白い発想の転換といえよう。

個人的レベルの「出会い」を、社会的レベルにまで発展させて考えたのはブーバーが初めてだろうと思うし、その点を評価するのにやぶさかではない。

しかしながら、心と心とが触れあいさえすれば、そして愛さえあれば、たちまち神の王国が建設されるような印象を受けるのはいかがなものであろうか。たとえば社会の経済の仕組みなどをまったく無視してもよいかどうかは気になる点である。

「出会い」についてここまで深く考えたブーバーの功績を認めるべきであろうが、それを日本人がどこまで受け容れることができるかについても、ことに神の概念などについては、かなり抵抗があるような気がする。

IX 「出会い」による癒し

この章では心と心の触れあう出会いが、現代の人間疎外社会で病む人びとの心を癒すことについて考えてみたいと思う。

こわれた世界での出会い

現代社会においては、うつ病がひじょうに増加しており、ある統計によると、人口の二十パーセントはうつ病の経験者、ないしは、現在、うつ病者だというし、老人ホームにいる人の十パーセントがうつ病だという報告もある。この本でこれまで述べてきたような出会いや母親喪失ということが、現代のうつ病の増加につながっている可能性も考えなければなるまい。

オランダの実存哲学者J・H・ヴァン・デン・ベルクは『引き裂かれた人間 引き裂く社会』の中で、二十世紀における実存の複数性という人間生活の特徴をとらえて、これが人間に危機をもたらすのだ、と述べている。

ベルクはミード、サリヴァン、リースマンの三人の説をあげて、「実存の複数性」を証明しようと試みているので、次にこれら三人の説を簡単に要約して示してみよう。

まず、シカゴ大学の社会心理学者ジョージ・ハーバート・ミード（一八六三〜一九三一）は、人間存在が分裂した存在だと主張し、私たちはつき合っている知人の数だけの、あらゆる種類の異なった自我をもっており、複数的存在として生きている、と言った。つまり、妻Wに話しかける夫HはH(W)であり、社長Dに話しかける社員としてのHはH(D)であって、同じHなのにH(W)とH

(D)という二つの自我をもつことになる。この多数に分かれた自己のために人格が解体され、一つか二つの社会的自己によって生き、残りの自己は存在できなくなる。たとえば、善玉ジキルと悪玉ハイドの場合なら、ハイドだけが生きてジキルは消えてしまうのだ。

アメリカの精神病理学者ハリー・スタック・サリヴァン（一八九二〜一九四八）は人間の思考の発達を三段階に分けて考えた。第一は、プロトタクシック段階で、まだ自分と他人の区別もつかない原始的な経験様式である。第二は、パラタクシック段階と呼ばれ、自他の区別はつくものの個人的感情の色めがねで世界を見るので、一〜二歳の幼児の世界、メルヘンの世界、分裂病の妄想の世界のようになる。第三がシンタクシック段階で、はじめて総合的に考えることができ、客観的に世界をとらえることができるようになる。

仲のよい友人Aと話をしているときはシンタクシックな接触をするのだが、そこへ仲の悪い友人Bが来て会話に加わったとする。Bとはパラタクシックな接触となり、自分は信頼しあった接触の中にいた自己ではなくなって緊張し、抑制的となり、会話は不快なものとなる。現代は他人と接触する機会が昔にくらべて何十倍も多くなっているので、Bとの接触にみられたような状況を経験することもまたたえずおきている。パラタクシックな自分になったり、シンタクシックな自分になったり、これもまた複数的実存の例である。

アメリカの社会学者デイヴィッド・リースマン（一九〇九〜）は『孤独な群衆』のなかで、現代の特徴は他人志向型社会だと述べた。これは、他人を気づかうばく然とした不安に満ちた人たちがふえていることを意味している。いっしょにいて、いっしょに働き、いっしょに生きるほかないのが人間の現実であるが、他人に対してはだれもが控えめにしており、油断なく、注意をおこたらないようにしている。他人に迷惑をかけない代わりに、迷惑をこうむるのも厭である。他人の領分を侵さない代わりに、自分の領分をも侵させない。いわば、本来の自分自身のほかに、他人を気にしている「かりそめの自分」というものが存在することになるのだ。

このような人間の複数的実存は精神的に病んだ状態の症状であり、危険な状況なのである。こんな複数的実存、複数的パーソナリティー（性格）をもった互いに見知らぬ人どうしが対話をするばあい、どのような対話がもっとも好ましいのであろうか。

ロジャーズは、カウンセリングの際に、カウンセラーが自分の意見をほとんど言わずに、もっぱら相談に来た人（クライエント）の話を聞いて、「あなたは……と感じるんですね」といった言葉をはさむだけにとどめる非指示的療法（ノンディレクティブ・セラピー）、クライエント中心療法（センタード・セラピー）を開発した。多すぎる複数性からの回復の手段は、この複数性が目立たないしかたを使って話し合っていこう、というのである。

複数性をなくした接触によるほかない。複数性そのものを急に改めることはできないのだから、

複数的実存による複数的パーソナリティーを内的に分割することがなくなると、人間は人間らしさをとり戻すことができる。

カウンセリングによって、パーソナリティーが変わり、一つの出会いを体験する人が多いことを考えあわせると、「出会い」と複数的実存との間の関係が見えてくるような気がする。

複数的実存をなくするのが、「わたし」と「あなた」の関係である、と言えないだろうか。

人間の治療的変化をきめるもっとも重要な決定的要因は、治療者との「対人的な出会いの質」だ、ともロジャーズは述べている。それが、人間の成長や発達をどの程度うながすかの決め手にな

るのだ。面接法の技術とか、心理学上の知識の有無などは決定的な影響を与えるものでない。

現代の、人間性を失った「こわれた世界」(ル・モンド・キャッセ)において、哲学者ガブリエル・マルセルやスイスの弁証法的神学者カール・バルト(一八八六〜一九六八)が出会いを大切なものだと考えるのは当然である。「出会いという考えは、少なくとも今日まで哲学者たちにそれとしてはっきり認められなかった」(『存在の神秘』)とマルセルがこぼしていた時代はすでに過ぎ去ったにしても、私たちが出会いを考え直すチャンスというのは、まだまだ、そんなに多くはないように思われる。

うつ病や神経症がおきる原因を考える場合だけでなしに、神経症に悩む人たちがカウンセラーを訪ねた場合、あるいは、精神科の医者を訪ねて精神療法(心理療法、精神による治療)を受ける場合、または、健康な会社員がエンカウンター・グループで対人関係のトレーニングを受ける場合、すべてこういう場合にも「出会い」ということが問題の核心になっているように思われる以上、もっと出会いを掘下げるべきだ。

患者との心のふれあい

こんなぐあいに「出会い」が注目されるまでにも、その前段階として、精神療法を行う際の精神科医と患者との間の心の交流がひじょうに大切なのだということに気づいた幾人かの人たちがいた。その最初の人はフェレンツィである。

ハンガリーの精神分析医で、フロイトの弟子だったサンドール・フェレンツィ(一八七三〜一九三三)については以前にクリフォード・アレンの本で紹介したことがあるので、要点だけを述べると、神経症の患者は幼時に愛されたことのない人だから、成人後にも愛情を求めているのだろう、とフェレンツィは考えた。そこで、精神分析の際にも分析医が寛容と快い環境を提供して、幼時の愛情に関する欲求不満をみたしてやる必要があると考えた。さらに、分析者と患者との現実の関係が大切であり、分析者の人格が治療に影響することを発見した。人間的あたたかみや、言葉以外のコミュニケーションによる心の交流が大切だと悟ったのである。

フレデリック・アレンは『問題児の心理療法』で、「人間関係を介しての人間的成長」をおこさせるのが精神療法のエッセンスだ、と述べている。昔どんなことがあったかという個人の生活史を根ほり葉ほり明るみに出すことよりも、今ここで患者が話す気になったという、あなたとわたしの関係、どれくらい自由に話せるか、ということのほうがはるかに大切なのである。彼は、これを「関係療法」と呼んだ。

スイスの精神科医で現存在分析療法を唱えたビンスワンガー（一八八一〜一九六六）による『精神分裂病』に記されているエレン・ウェストの症例は、躁鬱病のようでもあり強迫神経症の面もあるし、精神分裂症らしいところももっている複雑な症状を示した三十二歳の女性についての記録だが、一人の人間として彼女の訴えに耳をかしてくれた医師が一人もなかったので、退院三日後に服毒自殺をしてしまった。人間と人間の治療関係をつくればこの症例もきっと治せたに違いない、とロジャーズは述べているが、人間を単なる物体、対象ととらえるだけでは人間を治すことができない。

フランスの精神科医ユージーン・ミンコフスキー（一八八五〜一九七三）は、精神分裂症が「現実との生ける接触の喪失」を特色とする病気だ、と述べた。医者と患者との心の接触がどんなに大切なものであるかは、接触がもてなくなった人間をみるとはじめて実感できるのである。

孤立した人と人とを結ぶものとしては同情が考えられ、古代ギリシャのプラトンも精神機能としての知情意のうち情にあたるものを同情だと考えたほどである。

人間と人間とのあいだのきずなとしての同情を、ドイツの哲学者・社会学者マックス・シェーラー（一八七四〜一九二八）は次の八型に大別した（梶田による）。

1 感情移入　原初的で反射的な共感

2 同感情　同じ刺激に対する似たような感情的反応

3 感情感染　群衆の中で感情が伝染すること

4 同一化感情　共通の目的や苦労で一つに結ばれるときの仲間意識

5 追感　相手の気もちへの思いやり

6 共感　同情による連帯感

7 人類愛　愛他主義や博愛心

8 超宇宙的な人間愛と神的な愛　宗教的・神秘的な同情感覚

しかし、精神的出会いによってもたらされる一種独特の精神状態はこのどれにも属さないもので、おそらく一単語で表現することはできまい。

精神的な出会い　実存的な精神療法では、精神分析で使う「転移」といった考えを使わないで、むしろ「出会い」という考えを使い「転移」も「出会い」の一型とみなすのである。この場合の「出会い」というのは、単に二人の人間が偶然めぐり会ったという意味ではない。たとえば、バスに乗って、そのバスの車掌と偶然にその車に乗った旅行者との出会いとか、あるいはタバコ屋へ歩いていく途中で、向こうから、偶然、知らないよその人がすれ違った、などというのは「出会い」とは言えない。

たとえば、マスターズやジョンソンが人間の性行為を研究する場合を考えてみると、すでに、人間が性的な対象となりさがっているのであって、それはまるで機械を対象としているのと同じで、もはや人間について話しているのではない。その場合のマスターズ、ジョンソンと被験者との間は、人間同士の出会いではなく、「わたし」と「それ」との関係にすぎない。

二人の人間が出会っただけでは、精神的な「出会い」と言えないのだ。

それでは、精神的な「出会い」とはどのようなものを指すのであろうか。精神的「出会い」とは、次のようなものと言えよう。

「二人の人間が出会い、自分が相手によって受け容れられているという安心感と、重んじられているというお互の信頼感とがあり、心からしみじみ語りあって、その人本来の自分自身、人間の本質を互にあらわにして、お互の魂に触れ合うとき、二人の人格はお互に対する意識をもちつつ、それぞれの人格全体で互に影響しあう。

このとき、互に相手の人だけを意識して、二人の間に深いコミュニケーションがおこり、一体になったという感じがする。

この決定的な内面的経験によって、それまでの無智や幻想から突然に目覚め、精神世界が突然に広がって、全く新しい考えがその人にあらわれ、世界観や人格構造が変って、人生に新しい意味を見出す。」（アンリ・エレンバーガー『実存――心理学と精神医学の新しい視点』一九七頁）

これを短く言うならば、「二人の人間の間の人格全体の触れ合いによる、自己の内面世界の変革」とでも定義できようか。こうして、精神的な出会いは、すでにあった関係を新たに立て直す力をもっている。

出会いの実体

その意味では、人間と人間との間だけではなくて、ものと人間との間にも出会いが起きてよいはずである。

そして、これが「出会い」だという一定のかたちがあるわけではなくて、言葉によって起ころうが、言葉以外のものによって起ころうが、かまわない。

けれども、ロロ・メイが指摘するように、「出会い」という言葉を実存的実体を避けるかくれみのとして使ったり、対人関係やその歪みの問題をこの一言でごまかすために、援用されている場合も少なくないので用心する必要がある（ローマス『愛と真実――現象学的精神療法への道』）。

この出会いは、精神分析でいう「同一化」（アイデンティフィケーション）ではないか、と考える人もいるが、そうではない。

出会いを体験した人の人格が変わるのは、相手をまねて、自分をその相手に同一化するということではない。むしろ、相手は触媒の役割をするだけであり、自分がもっている潜在的な能力を使って自分自身を変えていく、というのがその実態であって、スイスの精神分析学者カール・G・ユング（一八七五～一九六一）は、これを「個性化」(individuation) と呼んでいる。

清泉女子大助教授としてキリスト教学を教えている田中三二子さんは、「いのちの電話」（死にたくなった人のための電話によるカウンセリング）にヴォランティア活動を続け、カウンセラーとして奉仕している。なぜ苦しいのか自分にもはっきりわからないままに、自分に注意を向けてほしい、いっしょにいてほしい、と電話をかけてくる人がたくさんいて、一回の通話は三十分も続くという。相手の隣人や友人となるように、心から相手の訴えを聴くようにしていると、「無力な人間同士が心を開き合い、お互いの可能性を信じて連帯していくとき、二人の力を合わせた以上の一つの力がそこに働く」のに気づく。「どろどろした現実をともに苦しみながら生きる場は、お互いに、お互いを超えるものに生かされている喜びを生きる場になっていった。（中略）心の底から二人のつながりを生きていくことが大切なのだ、相手が自己理解を深め、自力で問題解決に立ち向かい、成長していかれるよう、支えてあげることが大切なのだ、とわかってきた」と彼女は記している。

顔を合わせるわけではないし、体は遠く離れているにもかかわらず、ここでは明らかに一つの出会いが起きている。空間を超越した、心と心の触れ合いがあるのだ。

「私は、いのちの電話を通して、人間の出会いの喜びを生きることができました。(中略)世界のなかで、私たちは、少しずつ自己中心から脱して、互いのつながり、出会いと別れを心をこめて生きていくこと、そのつど、全力をあげて、自分が今あるところにほんとうに生きる、存在することが大切なことではないだろうか。(中略)無数の出会いと別れによって織りなされた、すべての人間の生を眺め、それを通して、真の自分自身に成長した人間同士の出会いの喜びを生きることができる。」(「いのちの輝きのなかに」『世紀』一九七九六月号、一〇頁)

この田中さんの一文は人生における出会いの意味を適確に示している。

孤独と無力感　中世社会の封建的くびきから解放されて現代人は自由と独立という新しい精神を手に入れた代わりに、孤独と無力感とに悩むこととなった。孤独の寂しさと、やる気を失った無気力とが病的に著しくなったものがうつ病であり、現代にうつ病が激増しているのも、いわば当然のなりゆきといえよう。精神医学を対人関係の学として規定した、米国の精神科医ハリー・スタック・サリヴァンの弟子であった女流精神分析学者フロム・ライヒマン(一八九〇〜一九五七)は、孤独感をこう定義している。「自分の過去の生活に人々がいたことが多かれ少なかれ忘れ去られ、自分の将来の生活において対人関係的関係があるかもしれないという希望が失われ、その期待や想像さえも許されなくなっている状態。」(阪本健二『人間関係の病――分裂病論』一五九〜

一六〇頁）

こうした孤独感や無力感に打ち勝つためには二つのみちがある。第一は愛と労働であるがこれを実行することは難しいので、第二のみちを選ぶ人が多い。それは、なにものかに依存して自らは悩むことを止めてしまうという逃避である。自分に欠けているような力を得るためになにものかに自分を融合させ、第三の絆（きずな）を結ぼうとする。このメカニズムは、服従と支配、強きに従い弱きをくじく、つまりマゾヒズム的とサディズム的な傾向という形で表面化する。これは旧日本軍隊において典型的にみられ、たとえば野間宏の『真空地帯』や大島渚（なぎさ）監督の映画『戦場のメリー・クリスマス』などにはっきりと示されている。この逃避メカニズムを持った人々をエーリッヒ・フロム（一九〇〇〜一九八〇）は権威主義的人間と呼んだ（『自由からの逃走』）。この権威主義的人間がナチズムの出現を許したのだ、とフロムは指摘している。

だれでもがもっている無力感に対する「基本的不安」をどのようにして克服するかという態度によって、人間を次のような三型に分けたのは、フロムと同じくネオフロイディアンと呼ばれている米国の精神分析学者カレン・ホーナイ（一八八五〜一九五二）であった（梶田による）。

1　対人接近型——他者に接近して、好かれ、愛されることにより無力感をいやす。

2　対人対立型——自分が無力ではないことを自分自身に対して示すために、外界に攻撃的態度をとる。

3　対人離反型——無力な自己の安全を守ろうとして、孤立し、自分の小さな世界に閉じこもる。

これらの不安解消法がいきすぎると病的な障害の形であらわれるのである。

もし人々が孤独や自己の無力感に悩むならば、自然に思いつく第一の対策は他者との連帯でなければならぬ。ただ手をつなぐだけでなしに、心と心の交わりをもてる「あなた」と手をつなぐことができたら、どんなに心強くなって孤独の寂しさを打消すよすがとなるであろうか。そこに「出会い」が現代人にとって救いとなる理由がある。

ところが、人間というのはひとすじなわではいかないひねくれたところがある動物だから、すなおに「出会い」や「連帯」をしようとせず、ほかの手段で不安を消そうとする。そうした手段が精神病の症状としてあらわれてくることが多いのだ。

精神障害者の出会い

精神障害の患者を診ると、自分だけが悩むというよりは、自分と他人との関係に悩んでいる人がかなり多い。たとえば、精神分裂症で被害妄想をもっている場合とか、頭のなかに電波がかかってくる、なにか自分に関する噂話が空耳(そらみみ)として聞こえてくる（幻聴）、あるいは、ほかの人たちが自分の噂をしているという関係妄想などは、幻の連帯で自分をごま化しているのだ。それから自閉症にかかってひとと交わらない場合、あるいは拒絶症でひとがいうことを全部ハネつけてしまう症状、または対人恐怖（ひとと話ができない、あるいはひとに会えない）というふうな場合。さらに、うつ病の場合でも、ひとと会う気にならなくなる。一人っきりでとじこもってしまう、ということが見られるし、離人症では、自分自身がなくなってしまったように思って、自分が自分でないような気がするから、当然、他人との関係をもてなくなる。

こういうふうに、精神障害というのは、いわば、他人との出会いを拒否するとか、あるいは、出会いを異常な感覚で解釈しているのだ、と考えることもできよう。のちに述べるように、神経症というのは「出会い」を拒んでいる状態のあらわれである、とトリューブも指摘している。出会いによって、自分のすべてを相手に打ちあけることのできる相手を発見できることが神経症を治すことにつながるのかもしれない。

O・H・マウラーが紹介している、マージョリー・トーマス夫人の症例は告白が治癒をもたらす好例である。彼女はうつ病で入院していたが「罪の意識にさいなまれているグループ」という話し合いの会に入って、ほかの患者の前で、自分が生後三カ月ほどの娘をひどく乱暴に扱い、泣かせないために窒息させたこと、自分が怒りっぽくて激しい気性であることを告白した。こうして心を開くことを実行したところが、症状は急激に軽くなり、まもなく退院したのである（『疎外と実存的対話』一七三〜一七七頁）。

精神分裂症者の出会い　ベイヤーが一九五五年に発表した精神分裂症における「出会い」についての論文のあらましを次に紹介しよう（Beyer　一九五五）。精神分裂症では、症状が軽ければ出会いが起きるのであるが、重くなると出会いを体験できなくなる。そして、私たちは患者に対して、何か普通の人と違った性格を感じ、握手ひとつをしても、どうも普通の人と感じが違うとか、心の「接触がとれない」とか感じてしまう。

そして、もしも患者が妄想をもっていれば、「向こうからくる人が自分のことを見つめている」というふうに関係づけをしてしまうので、正常者ならばとうてい考ええないようなしかたで、分裂症者は奇妙な出会いというものを経験しているようだ。

分裂症の人が正常の人と違う点というのは、三つあって、第一は、お互いが存在しているという「相互性の考え」が欠けており、ブーバーのいう「関係の次元」をもっていないことである。これは単なる孤独というふうなものではなくて、なにか理解できない力が邪魔をするので、分裂症の人と正常者との間には、結びついた関係をつくることができないようにみえる。見られている、あざ笑われている、噂されている、影響を受けてしまう、などと一方的にあらゆることがらを自分に関係づけてしまうのである。これを関係妄想という。

第二は、この関係妄想がひじょうに短い間にどんどん出てくるので、相手かまわず大勢の人に関係妄想が結びついて、複数化し、自分の出会うすべての人にそれが拡がり、個人性が低下してくる。このだれでもいいという無名化は、敵の集団化へとつながり、社会の全員が悪口を言っていると思う。自分の考えが頭のなかに聞こえてくるとか、あるいは、ほかの人が自分の噂をしている幻聴が聞こえてくるとか、によってほかの人とのコミュニケーションがとれなくなってしまう。

第三の特徴は、直接性の出会いが起きないということであって、相手と直接に向かい合っている感じをもてなくなる。つまり患者は自分の相手がいつも、秘密の隠れた世界へ入っていると感じるのであって、相手と直接に接触することがなく、あからさまな言葉によってではなしに、いろいろなサインや暗号を通じて、なにかわからないけれども、かすかな感じを感じとれるにすぎない。これを、間接性、媒介性といい、たとえ面と向かって相手と話していても、なにか遠い世界から聞こえてくるような感じである。相手と直接的なコミュニケーションとか出会いを行うことができなくなってしまうのだ。

以上の三つが、出会いについて分裂症の人が普通の人と違う点である。

壁に守られぬ世界

人間というのは、住み慣れた、自分がなじんだ世界に住んでいるとひじょうに安心だ、という感じを持っている。そこでは、自分というものが、知人とか、他人とか、あるいは公の場から隔離されていて、それらとの間には境がある。つまり、家の塀とか部屋の壁がこの境にあたり、それによって自分の安全が守られていると感じる。

ところが、妄想をもっている精神分裂症では、この壁が失われてしまって、つねに不安で無気味な感じを味わっている。そして、守ってくれている壁を、声とか光線とか無線とか電気とか、が貫通して自分を迫害すると感じるので、自分というものを他人からへだてることができなくなる。こうして、自他の区別がつかなくなり、自分の城（たとえば自宅）にいても、もう安全だという感じがなくなってしまうから、いつも不安にさいなまれているのが分裂症の特徴である。

スイスの精神医学者ルードヴィッヒ・ビンスワンガーは『精神分裂病』（一九五七）という著書において、精神分裂症の患者がもっている心理的特徴を明らかにした。

それによると、彼らは、共同存在としての現存在にもともと備わっているはずの愛や友情という相互的な考えをもつことができないのである。

同じくスイスの精神医学者メダルト・ボスは、ビンスワンガーによる「精神医学的現存在分析」を、「私たちが出会うものの意味に感応できるかどうか、出会うものの現存を会得できるかどうか、という根元的存在会得によって精神病者のありかたを理解しようとする方法だ」と述べている。

人間存在の根本的特徴は、人間が「存在の明るみの場」である存在であり、存在からこの「明るみの場」であれと言い求められていることである。これをハイデッガー（一八八九〜一九七六）が『存在と時間』の序章で「根元的存在会得」という単語で表現したので、それをビンスワンガーは応用したのだった。

たとえ、分裂症者でも、医師との出会いを通じて、患者は自分の現存在をはっきりとらえて、他者と同じしかたで実存できるようになる、というのがボスの主張である。

作業を通じての出会い

自分の安全が脅かされているような感じを治すには、作業療法が役に立つ、とベイヤーは主張している。なぜならば、作業療法を通じて治療者は患者の人格に倦まずに呼びかけたり、助力したり、励ますことができるし、いろいろと患者のことを心配している医師その他の人との間にほんとうの出会いが起きやすいからだという。

そのほかに、作業を通じて手もとにある世界としてのモノの世界との出会いが可能になる。はっきりした目的とか仕事の内容が組み込まれていると、そこに「ものとの出会い」が新たに生まれる。そして、いっしょに働く仲間たちとの出会いは、現実世界に対する患者の関心を再び呼び醒ますことになる。

こうして新しくできてくる出会いの印象がこれまであった幻覚的なにせの世界の考えを消していって、しだいに共通な世界における相互的まじわりの表現としての落ち着きや平静さ、自己支配が回復し、行動に沈着さがあらわれるようになる。お互いが協調して働くことによって、いっそう、適合性が出てくる。したがって、作業療法は、真の人間どうしの本質的な出会いを経て共通な世界に患者を導く有力な道になるのだ、という。

精神分裂症では、精神的に内的な壁があるので、外的な壁あるいは外的な拘束（鍵で閉じこめるとか、ベッドに縛りつける、など）を取り除いてやるだけでも、この内的な壁がこわれることがある。内的な壁がこわれて疎通性（心の通じあい）が回復すると、ほんとうの出会いが回復することになる。

また、あることを任せたり、責任をもたせたりすると、患者を自由にして、責任感を呼び起こすことができる。

精神医学における「出会い」の研究は、なぜ患者がそういうふうな状態にあるか、ということを理解するのに役立つし、患者というものを人間全体としてみる、あるいは、意味的な存在としてみていこうという点にもその重要性がある。

精神医学における出会い

さて、ベイヤーによると、出会いが精神医学で問題になる点は三つある。

第一は、人間が存在しているひじょうに意義深い基本的な形態をものさしで測ると、精神障害者の病的な振舞いというものは、まさに存在しそこなった結果である、という点である。

第二の点は、出会いの失敗によって心因反応（精神的ショックによる精神障害）が起こることだ。

第三は、精神分裂症の患者に、自然な生活空間での正常な出会い能力を回復させるための「出会い」が問題になる。ストルヒも、分裂症の患者に人格的出会いの空間を再開してやれば、新しい交わりがつくと同時に自立性や現実を回復する、と述べているように、「出会い」の原理としての、人間の相互存在、相手との生きられた関係を回復させることが癒しにつながるのである。

精神医学における出会いの登場

現在までの精神医学の歴史を見ると、「出会い」の意義をつかみ易い。精神科医は、フランスのフィリップ・ピネル（一七四五〜一八二六）以来、外的拘束を取り除こうとしてきた。つまり、それまでは鎖で患者をベッドに縛りつけたりしていたのであるが、ピネルが、フランス革命のときに、そういう鎖を患者から取りはずし、その後は、なるべく、精神病院の鍵もなくす、外出も自由にする、というふうな運動が、長い間にわたってしだいに広まってきた（小林司『精神医療と現代』七二頁）。しかし、すべての外的な拘束を取り除くことはできないので、ある一定のわくのなかで、患者に自由に行動させるのが一つの目標であった。その次は内的な壁を取り除くことが目標になる。精神療法（精神による治療、心理療法）の目的は、患者を全治させるというよりは、むしろ出会いを通じて患者を私たちの共通の世界へ再び導き入れることへの奉仕を目指すものだ、というのがベイヤーの主張である。

それでは、いつ頃から精神医学に「出会い」という考えが登場したのだろうか。

一九二五年に、すでに、ドイツの精神科医ゲープザッテルは、「治療過程における人格的要素」という論文のなかで、精神療法というものは、医療的な処置によって病者に働きかけるのではなくて、むしろ医者が患者の心のなかに与えた像によって働きかけるのだ、と言った。患者は、自分の話を医者があたたかく聞いてくれるということのなかに、人間的な安息の場を見出すのだから、患者に対する医者の人格の作用が決定的な意味をもっている、というのだ。

そして、患者は、医者の目を通して世界を見ることを学んではじめて、自分自身をも正しく見ることができるようになる。人間というのは、他の人間に影響を及ぼす時に、他の人の精神とお互いに反応し合う一つの精神的体系になるのだ、とユングも一九三五年に述べている。

一九四六年には、オランダの精神科医ヴァン・デン・ベルクが、精神医学を「出会いの学問」と呼び、患者と関係者との出会いの形によって症状がきまってくるのだ、と述べた。

ドイツの精神科医レオンハルトは「対話によって、患者が住んでいる世界があきらかになる」と言っているし、一九五一年になると、スイスの精神療法家ハンス・トリューブが、「ノイローゼというのは自分がかたくなに出会いを拒んでいる状態のあらわれであって、精神療法によって治療者との対話を通して出会いの能力を回復することによってのみ治すことができる」と述べた。このハンス・トリューブの説については、のちほど、もっと詳しく紹介しよう。一九五七年になるとA・

ストルヒも病者に人格的出会いの空間を再開してやることの重要性を強調している。

治療者と患者との出会い

ともすれば人間を機械のように考え、個々の症状をとり上げて、その症状に基づいた診断を下すという、ほかの医学部門とまったく同じような方法を精神医学もとるきらいがこれまではあった。しかし、現実には、精神病とか、神経症とかいった病気や症状が存在するのではなくて、精神病者や神経症者、つまり病人が存在しているのだ。

したがって治療者が自分を主体と考え、患者を外側から単なる対象として眺めて、治療的操作をする対象主義、つまり、時計の修理と同じような治療法を採るならば、精神療法（心理療法）を行うことは不可能となる。

患者と医者とが出会った場合に、その患者を単に一つのモノとして技術的に片づけようとするならば、その医者は、自分を現実から遠ざけて自分を防衛したといわねばならぬ。つまり、「出会いたくない」あるいは「出会いから自分を逃避させたい」という気持ちがあるのだ。

そこで、精神科医のうちでも人間学派に属する人たちは、学者とか修理工としてではない一人の人間が、患者としてではない他の一人の人間に対してかかわり合う、という態度で診療にのぞみ、それを「出会い」と呼んでいる。

そこでは、健康者であろうと、精神障害者であろうと、すべての人間にゆだねられている現存在の可能性をあきらかにすることが問題になる。ただ二人の人、あるいはものとものが偶然いっしょになるということとは違う。つまり、医者が、患者について、その経歴とか、現在の地位とか、性格とか、いろんなことを知っているということと、実際に自分の前に座っている一人の生きている患者に会うということとでは、意味がまったく違う。経歴とか性格とか地位とかを知っているということは、それらを書いた紙きれ一枚を机の上に置いて、それを読み、いわばその紙きれに医者が会うということと同じだ。他方、生きている生身（なまみ）の人間がそこに存在しているという場合には、ここに一人の新しい人間がいるのだ、という経験を医者はもち、そして、生きている人間そのものに対決することになる。

患者を理解すること

こうして、患者を、「病める者」と見ないで、まずなによりも一人の人間として見て、この患者が示している症状の意味を考え、世界のうちでどのようにして存在しているのか、という存在様式を問いただし、そこから、患者が置かれている世界での位置を考え、患者が感じたり行ったりする、すべての行動を理解して、人間的な本質的なものに迫ろうとする。なぜそのような経験をしているのかということよりも、なにを患者が経験しているかを知ることのほうが重要なのだ。要するに、人間学的な精神療法の第一歩は、患者を理解することから始まるのである。

もしも、ほかの人を理解したいと思うならば、その人を愛することができる準備状態を整えておかなければならない。古代ギリシャ語とヘブライ語とでは、「知る」という動詞は「性交する」という単語と同じである。

新約聖書のヤコブ書のなかに「アブラハムはその妻を知り、その妻は妊（みごも）り」としてその例が示されているように、知ることと愛することとはきわめて密接な関係をもっている。

つまり、ほかの人間の存在を知るということは一種の結合を意味し、ほかの人の弁証法的な参加を含んでいるのだ、と米国の心理学者ロロ・メイは述べており、スイスの精神科医ビンスワンガーはこの「わたし」と「あなた」の在りかたを「二元様態（dual mode）」と名づけている。

これは、たとえば、母親と子ども、兄と妹、あるいは、恋人同士というふうな、二人の間の関係である。

この二元様態では、空間が無限であると同時に、密着していることによって瞬間と永遠とが結合し、空間と時間とを超越しており、これが実存的経験の核心をなしている。実存の複数的なあり方（多元的様態）は、ブーバーによる「わたし」「それ」の関係を拡げた考え方であり、よそゆきの顔をした友だち同士とか、あるいは競争相手といった二人の人、あるいは三人以上の人の場合を指している。名声を求めて相手の人を征服していく、というふうな場合がこれにあたる。

実存分析では、治療者は、単なる反射鏡のようなものではなくて、患者の実存をできるだけ理解し経験することに一所懸命になっている生き生きとした一人の人間でなければならぬ。これを現前(presence) といい、実存的心理療法ではこれをひじょうに強調する。はじめ精神科医として働いていた実存哲学者カール・ヤスパースも、患者を理解する機会をいつも見過ごしてきたことを嘆いており、「たった一度の決定的な瞬間に、あらゆる知識をもっているにもかかわらず、ただ、完全な現前を欠いているために患者を治すことができない」と述べている。

ビンスワンガーも、精神療法に関する論文のなかで、「実存から実存への真のコミュニケーションだけが、患者のなかに呼びさますことができる神聖な火花」という表現によって、「出会い」が心理療法にもっている力を表現している。

人間のふれ合い　精神療法において重要なのは治療技術ではなく、むしろ医師と患者のあいだの人間関係であり、個人と個人の実存的出会いである、と考えるドイツの精神科医フランクルは次のように述べている。

「精神療法は単なる技術以上のもので、芸術であり、純粋科学をのり越えた知恵である。知恵といっただけでは十分に意を尽くしていない。強制収容所で私は自殺をした一人の女性の遺体を見たことがある。彼女は紙片にこう書き残していた。『運命よりも強いのは運命に耐える勇気です』と。その言葉にもかかわらず彼女は自ら命を断った。人間的接触がないと、知恵が欠けてくるのである。

最近、夜中の三時に、一人の婦人が電話をかけてきて、自殺を決心したが私がそれをどう思うか知りたいといった。あらゆる理由をあげてそれを思いとどまるように説得し、とうとう自殺をやめて病院へ私を訪ねるという約束をとりつけるまで三十分も話しただろうか。しかし、彼女が病院に来たとき、私が説得したことによって彼女が自殺を思いとどまったのではないことがわかった。自殺をやめようと決めた唯一の理由は、真夜中に熟睡中を起こされても私が怒らずに辛抱強く三十分も話を聞いたり話してあげたりしたというその事実と、こんな事実が現におきた世界はきっと生きるに値する世界に違いないということを彼女が発見したからであった。

精神療法に関するかぎりは、人間を自分の人間性にたち戻らせることについては主にビンスワンガーの功績である。そして、次第に『私とあなた』の関係が問題の核心と見られるようになってきた。だがこれ以外にもう一つの次元が考慮されてしかるべきである。私とあなたとの出会いがすべてではない。もともと人間存在がもっているはずの自己を超越する性質は、自分自身を越して伸びる存在に人を変えるのである。したがって、フェルディナンド・エーブナーも指摘しているとおり、マルティン・ブーバーが人間存在を基本的に私とあなたの対話という形でとらえるならば、『私とあなた』関係が二人の外にある意味に関係するまで彼ら自身を超越していかない限り、この二人の対話は無効だということになる。

精神療法で重要なのは、心理的工学ないし心理的テクノロジーではなくて、それが出会いに基づいているという事であり、出会いというのは二つの物体ではない二人の人間が出会うのであって、出会った一人の人間は他の一人とロゴスをもって対面する、つまり存在の意味を問うているのである。私とあなたの出会いに重点をおくことによって、現存在分析はそうした出会いのパターンをお互いに傾聴させて、彼らの存在論的な難聴から解放してやることであると言えよう。」("The Will to Meaning" pp. 7—9)

精神療法での「あなた」

「あなたとわたし」「患者と医師」という二人の者が、第三のものを共同して扱っていこうというのが精神療法である。ここでいう「第三のもの」というのは、自分自身、あるいは、世界との矛盾に満ちた人間の経験を指している。共同の仕事のなかでこれをいっしょに経験していくことによって、二人の間にあらわれてくる体験を通して自分についての認識を患者がもつようになる。

この認識への「わたし」と「あなた」の関与が重要であり、真実を二人でいっしょに発見していこう、という態度が重要なのである。

カウンセリング学者であるカール・ロジャーズは、この「わたし」と「あなた」の関係を、こういうふうにわかりやすく説明している。「その関係に方向を問わない直接性が本当にあるとき、あなたが相手の人以外の何者も意識せず、相手の人もあなたを除いて何者も意識せず、二人の間に深いコミュニケーションと、一体になったという感覚があるとき、それが『わたしとあなたの関係』と私が呼んでいるものだ。」(リチャード・エヴァンズ『現代心理学入門』八二頁)

これに反して、「わたし」と「それ」との関係の例を述べれば、患者を機械として見ている、どこかがこわれている機械として見ている、あるいは、複雑な対象として考えている、離れて見ている、という場合である。ロジャーズは次のように書いている。

「他人の内的な世界を私が好んだり、信頼したり、理解すれば有意義な成長が展開する、ということを信じて、科学者とか医師としてではなくて、クライエントとの治療関係のなかに入っていく。その場合に、私は、ただ個人的な関係のなかに入り込んでいく一人の人間として関係に入るのである。つまり、私が患者を対象物というふうに見ている限り、クライエント(来談者、患者)は、単なる対象物にしかならないであろう。」(ロジャーズ全集第十二巻、三二五頁)

カウンセラーの条件　どんな場合に人間的出会いがおきやすいかの参考になるので、ロジャーズがあげている、カウンセラーの条件を次に記してみよう。

カウンセラーは、相手(来談者、患者)を独自の価値をもった独立した一人の人間として尊重し、全面的に受け容れる。そして共感的理解をもって話をきいてあげることが大切だし、透明性(トランスペランス)とか自己一致(コングルエンス)を失ってはならぬ。そうすれば、必ず相手の中に変化がおきて、建設的な人格発達が始まる、というのだ。

ロジャーズは精神療法家に必要な三つの条件をも述べており、第一は、精神療法家の適合性ないし独自性で、患者とともに真の人間になる能力である。

第二は、患者を判断したり評価したりしないで、独立の人間としての患者を受け容れる能力である。つまり、無条件の受容、ありのままの人間を受け容れるということ、である。

カール・ロジャーズ（『人間の潜在力』創元社）

第三の条件は、ほんとうにはっきりした理解である。単なる反映ではなくて、断固として理解するという欲望であり、患者の立場に立って、患者特有な視点から世界を見る、ということである。

「ほかの医者と違って先生は初めて私のことをわかってくれました」と言って急に泣き出す患者がときどきいる。きっと、深い深い井戸の底に落ちてもう助からないと思っていた人が、スルスルと降りてきた救援ロープを見た時のような気分になるのだろう。自分が理解されたと思ったとき、そこには治療者と患者との出会いが確立したのである。

患者と医師との出会いを通じて、患者は、自分の人格の根底からゆり動かされ、それが病気を治すキッカケになる。二人の人間が、しみじみ、心から語り合ってお互いの魂にふれ合うという出会いがなければ、精神療法は意味がない。

他人の存在に出会うと、私たちは、不安を抱いたり喜んだり、いずれにしても心を揺り動かされるものである。つまり、患者の世界が癒される場合には、治療者自身も揺り動かされて癒されるのだ。

精神療法がすばらしい効果を発揮し、効き目ができるのはこういう面においてであって、その際にきっと患者の個人的な成長が促されるのであろう。

患者の生活を指導すべき人は、カウンセラーではなくて患者自身である、とロジャーズはいまでも考えているようだ。

患者自身の成長力

したがって、ロジャーズのやり方は、患者のありようを強化することにほかならない。患者は自分の人生を自分で預かっているのであって、カウンセラーが患者からその能力を奪ったり、あるいは、その機会を取り上げたりしてはならない。そして、カウンセラーの感情を一方的に患者に押しつけるのではなくて、カウンセラーが自分の個人の感情として表現することだけが許されるのだ。

現存在分析では、患者に現存在の構造について理解させてやり、その病的なゆきづまった状態から患者を新しい現存在様式の中へつれ戻して、経験の一貫性をとり戻させ、その患者に独特な実存の可能性を選ぶ自由へと導く場合に、治療が有効だと考えている。

こうして、現存在分析を中心とする人間学的な精神療法では、治療者とのかかわり合いによって患者の内に自然にできてくる人間的な成熟をかもし出すようにし、治療者もまた動かされながら、静かにあたたかくその成熟を見つめてあげることを重視する。だから、治療者があぁしよう、こうしよう、というふうにあやつることを固く戒めており、人間は、「出会い」によってはじめてほんとうの人間になるのだということを患者に悟らせる点に特徴がある。

これでわかるように、人間の内にある気高いものへの尊敬とか、人間が生まれつきもっている生産性と発展性への期待、人格が自ら成熟してくるということへの期待、それから、治療者が犠牲的におのれをむなしくする謙虚さ、そういったもろもろのものを治療者があわせもっていなければ、精神療法というものは成功しない。

ブーバーも『我と汝』(岩波文庫版)のあとがき(二六三頁、一九五七年一〇月)で精神療法に触れている。彼は、およそ次のように書いているのだ。

患者の無意識を分析して病因を見出し、これを明るみにもち出して、患者のエネルギーを生の活動に向かわせるだけでは十分でない。患者の萎縮した人格中枢を回復させるには、患者の魂の中に埋まってしまって見えにくくなっている統一性を探りあてなければならない。それをなしとげるためには、患者を一つの対象として観察するだけではだめで、人格と人格とが向かい合う態度が必要である。患者を一つの人格として世界と和解させ、治療者は患者の立場に立って、治療効果をも考えるべきである。しかし、ここで大切なのは、人格的に向かい合っておりながら、しかも一定の距離を保っていなければならぬことだ。患者が医者の側に立って出来事を体験しようとすると治療が成り立たなくなる。ここでは、「わたし」と「あなた」の関係は完全に両方向からの相互性のものではなく、そのことは、母と子との関係、教師と生徒との関係や神父と信者との関係に似ている。ブーバーによる、この相互性の制約については、精神療法家による専門的な再検討が必要であろうが、私個人としては、必ずしもブーバーが正しいとは思っていない。

神経症者の出会い療法

最後に、スイスの精神療法家ハンス・トリューブ（一八八九〜一九四九）による「医師と患者との間の人格的な出会いの学説」（一九五一）について彼の著書『出会いによる精神療法』にもとづいて紹介しておこう。

神経症を治す場合に、神経症の患者の人格的な責任を目ざめさせ、さらにそれを目ざめたままにしておくためには、医師が対話をする態度が重要である。その場合に、治療者の人格がひじょうに重みをもつということは、精神療法を行う者ならだれでも知っている。

つまり、神経症で、自分の内に閉じこもってしまった患者と、人格の核心においてふれ合って、人間として十分に責任をもった世界との出会いへと彼を導くことが、精神療法の目的なのである。

したがって、ノイローゼの患者が治るためには、医師と患者との間の人格的な信頼関係がどうしても必要になる。そして、現実の事物と出会う世界のなかへ、患者が自分を投げ込んで、初めて治ることができる。そして、この医師との出会いがキッカケになって、ほんとうの人間的共同性の世界との出会いの回復へと導かれるのであって、それが現実の人間の道との接触のはじまりであり、自分だけの世界から抜け出すキッカケとなる。

治療者が患者に初めて出会ったときに、患者は治療者の人柄に接して、患者のもっとも奥深いところまで語りかけられ、患者の人格的本性が治療者によって根本的に受け容れられているのを感じる。自分とまさに同じ人間である治療者という他人によって受け容れられる、という体験のなかで、それまで患者がもっていた恥ずかしさがしだいに消えていく。

そして、精神療法家の助けによって、患者は自分の周りにきずいていた壁を、透明なものに変え、しだいにとり払っていく。つまり、それまでは、神経症の患者は伴侶的な世界への根本的な出会いを拒んで、もっぱら自分の周りに壁を張りめぐらすことによって病気をつくっていたのである。世界との真の出会いへと向かおうとする人間の心の欲求がせき止められると、欲求は無意識の世界へと集まって自分の世界に閉じこもり、出会いを拒むという結果になる。

生きるということは、世界との人格的な出会いによって行われる。患者の場合には、人間の自己が、現実との伴侶(はんりょ)的出会いから逃避している結果、神経症が起きているのであるから、患者は、医師という伴侶との新しい対話のなかで、医者を、共人間的な「あなた」つまり全人間的出会いの根源的伴侶として形成し、医師は患者にじかに話しかけて自分を開く。世界との出会いから後退して、対話の能力を失っている神経症の患者を、そういう「医師と患者」という新しい伴侶による新しい対話の力で、世界との交わりのほうへ患者を導くことによって出会いの能力を回復させ、神経症を治していく。これが人間学的な精神療法の根本的な原理である。

したがって、医師は、まず第一に、神経症の患者には、対話をするという方向をとりながら、話しかけることができる相手としての「あなた」を患者の中に形成しなければならない。そしてそれが、患者を具体的な世界との出会いへと導くことになるのである。これが、トリューブによる、出会いをめぐる精神療法の根本的な原理である。精神医学ないし、人間の精神にとって「出会い」がどんなに大きな意味をもっているかが、わかるではないか。

そして、この原則は単に精神療法家と精神障害者との間の関係だけでなく、「こわれた世界(ル・モンド・キャッセ)」に住む疎外された私たち人間全員についても、お互いの人間性を回復するためにあてはめてよいことではないか、と思う。「出会い」による癒しこそ、苦界にある私たちに生きる希望を与え、生き甲斐をもたらすものにほかならない。

X 自分との出会い

この章では、精神的出会いの結果とはいったい何なのか、精神的出会いがどんな意味をもっているのか、について考えてみたい。

自分を映す鏡としての出会い

そもそも、赤ちゃんが言葉を覚えたり、行動を学ぶのは、身近にいる両親や家族の言動を見習うことによる。「子は親の鏡」といわれるのも当然である。したがって、幼時に山の中に捨てられてオオカミに育てられた野生児カマラの場合には、人間の言葉も動作も身についておらず、オオカミのように吠えたり、四つ足で立ったりし、つかまえてからいくら教えても言葉も動作もなかなか覚えなかったそうだ。

こんな例を聞かされると、母や家族との出会いが赤ちゃんにとってどんなに重大な意味をもっているかがよくわかる。

ところで、私たちは、母子の出会いのほかにも、人格を根底からゆるがすような、衝撃的な「出会い」の例をたくさん見てきたし、「出会い」によってノイローゼが治ることや、エンカウンター・グループで心が洗われるような体験がおきること、「わたし」と「あなた」との出会いによって人がほんとうの人生を生きていくこと、などを知った。

それでは、私たち自身にとってこのような「出会い」はいったいどんな意味をもっているのだろうか。

「出会い」によって、もし新しい世界がひらけたり、存在の実態が見えてくるならば、それはとりもなおさず、これまで自分のうちにありながら気づかずにいたものが引っ張り出された、ということでもある。その意味では、人や本や自然との精神的出会いを体験した人は、真の自分自身に出会ったのだ、と言ってよかろう。

これを言い換えると、「出会い」がもし私たちに何かをもたらしてくれるとするなら、それは他者との「出会い」を通じて自分が見えてくるという、「自分との出会い」が実現されることであろう。

ギリシャの昔から、「自分自身を知れ（グノーティ・セアウトン）」という金言は伝わっているものの、自己を知ることは至難のわざである。

シカゴの動物園であったか、「もっとも凶悪な動物」という名札をかかげてある部屋があって、どんな動物がいるのかしらと心を躍らせながら入っていくと、鏡に映っている自分の姿が見える仕かけになっていた。ロンドンで夏目漱石が鏡に写った自分の姿にがっかりしたように「出会い」という鏡によって映し出された自分の姿の醜（みにく）さにあきれて私たちは絶望の淵に沈むかもしれない。

ずっとまえのことになるが、テレビでサルの行動観察を見た。たしか、アフリカの山の中で、大きな木の根もとに等身大の鏡をたてかけておくと、チンパンジーがどんな反応をするか、という研究だった。はじめ、チンパンジーは気味悪そうに遠まきにして鏡を眺めているが、しだいに近くへ寄って行って、何十分も鏡の中の自分をしげしげと眺めている。しかし、そのうちに鏡をひどく蹴とばして壊してしまった。

説明によると、このチンパンジーはそれまで自分の姿を眺めたことが一度もなかったので、鏡に映っている自分の姿を見て、見なれぬ敵が現われたと勘違いをしたあげくに攻撃行動をとったらしい。

たしかに鏡がなければ、人間でも自分の顔かたちはわからないだろう。同じように、自分の心や性格、気持ちなど目に見えない「自分らしさ」というものは、他人に映してみないかぎり、はっきりとはわからない。

哲学者西田幾多郎は「私と汝」という小論の中でこう書いている。

「私は汝の表現に没入することによって汝を知るのでもない、所謂(いわゆる)感情移入によって汝を知るのでもない。私は汝が私に応答することによって汝を知り、汝は私が汝に応答することによって私を知るのである。私の作用と汝の作用とが合一することによって私が汝を知り汝が私を知るのではなく、互に相対立し相応答することによって相知るのである。（中略）私といふ人格が汝といふ人格に直に応答することによって私が汝を知るのである。（中略）汝の応答なくして私は私自身を知ることはできない、又私の応答なくして汝は汝自身を知ることはできないと云ふことができる。」（『西田幾多郎全集』第六巻、三九二頁）

スペインの思想家オルテガは鏡としての他人を次のように述べている。

「なんじ（あなた）の数学的才能は、私にはそれがないことを明らかにする。なんじの優雅な話しぶりは、私にはそれがないことを気づかせてくれる。……もちろんその反対もありうる。つまりなんじの欠陥は、私の資質を私の眼に際立(きわだ)たせてくれる。このように、私というもの、私の自我、が私にとって形をとるのは、なんじたちの世界の中であり、そしてこのなんじたちのおかげなのだ。つまり私は、自分を多くのなんじたちのうちのひとりとして発見するのである。……具体的自我は、なんじたちの後に、そして彼らの中にもうひとりのなんじとして生まれるのだ——それは根本実在ならびに根本的孤独としての生の中ではなく、共存という第二の実在の局面に生まれるのである。」（『オルテガ著作集5』二一〇〜二一一頁）

しかし、自分では平面鏡に映したつもりなのに凸面鏡に映して、自分で驚いてしまうような例も少なくない。

最近の大学生に多くみられる自己臭症というノイローゼの一種がそれで、これにかかると、自分の体から悪臭がたちのぼっていると思いこむようになる。自分では鼻が慣れてしまってニオイを感じることができないが、傍へ近よっていくと、友人が顔をしかめたり、急にあちらへ逃げていったり、避けるような態度を示すので、それとわかるのだ、と主張するのがこの病気の特徴だ。

これは、他人という鏡に対する反応過敏症状といえよう。

他者との向き合い

日本人に特に多い神経症だといわれている対人恐怖症の場合には、相手を恐れるのではなくて、相手に自分がどう思われるかということが怖いのであり、自分を暴露してくれる他人に出会うのが怖いのであるから、出会い恐怖といってもよかろう。

私が治療していた一人の男性患者は、どちらかといえばハンサムといってよいほどの顔だちであったにもかかわらず、自分の顔がみにくい、特に目つきが悪いから、人と会いたくない、と主張するのであった。こんな人には、「あなたはふつうなみの顔だし、目つきも悪くない」といくら説得しても無駄である。人と会ったときに、相手がしかめ面をしたり、せきばらいをしたりするのは、自分の顔を嫌っている証拠だ、というふうに彼は思いこんでいる。つまり、相手に会っているときにも、相手の顔を見ているのではなくて、相手の顔に映る自分の顔ばかり見ているのだ。自分の劣等感をすなおに認めにくい人が、劣等感を相手に投影して、相手のせいにしてしまい、自己防衛をするのだ。

いつも人より勝ちたい、人によく思われたいという気持ちが心の底にあると、現実にはそううまくいかないのでその矛盾に悩み、劣等感と優越感との間を不安定にゆれ動くことになってしまう。こういう人は、他人との出会いの際に、「相手にいい印象を与えるようにしたい」とつねにはからい心をもって接するので、実際にはすなおさが失われて、ぎこちない振まいとなり、人とうまく交われない結果になることが多い。劣等感や孤独感はすこしならば向上心や出会いにつながってプラスになるが、いつもそれが頭から離れないほど病的になると出会いどころではなくなってしまう。

他者とよい出会いをしたいと思ったら、はからい心を捨てて、あるがままの自分をさらけ出して、とらわれのない自然な態度で接することが必要である。

対人恐怖症は、他者との「出会い」によって自分を知ることがいかに難しいかということの例である。

自分のことばかり考えていると、他人との生きた交わりに入ることができない。この「生きた交わり」をマルセルは「相互主体性」と名づけている。自分を不安にさせるのも自分自身であり、他者との間に壁をつくるのも自分である、という点に人間はなかなか気づけなくて、他人のせいにしていることが多いものだ。

フッサールは、人間が文字どおりヒトのアイダに在る者であることを次のように述べている。

「人間という名辞の意味は、ある者から他の者に対する相互的存在を意味する。したがってそれは、人間の共同体であり社会である。……それと同様に明らかなことは、人間は、その周囲に他の人間が（現実的にまたは潜在的に）いなければとらえることができない。」（Méditations Cartésiennes）

ブーバーは、人間であるとは、互いに向かい合って存在するものであることだ、と次のように述べている。

「人間に固有なのは、個体が常に他者を、自己に向かい合って、また、自己がそれに向かい合って、存続するものとして認知し得る点である。

彼は、他者を、自発的にこちらにかかわり、また、自己が自発的にそちらにかかわるもの、として認知する。この与えられた特性によって、人間は一つの特殊な領域として存在のなかへ登場した。つまり、世界と呼ぶものの内部においてのみ、個体と他者との出会いが完全な現実性を持って遂行されるのである。

すべての個体は他者へ振り向けられ、依存させられている。しかし、人間においてはじめてこの事実は質的に変化して、『出会い』という現実になる。そこでは、個体は彼とはほかなるものとしての他者と向かい合って実存し、共同の現存のなかで彼に耐えつつ、同時に彼を肯定し得るのである。

この、他者に対向する自己存在が生きられていないときには、領域としての人間はまだ実現されていない。人間性とは、世界存在のなかで課せられたこの出会いを、そのつど遂行することである。」（『出会い』九二頁）

サルトルは、「生きるものはすべて理由なく生まれ、弱さにより生きのび、出会いにより死んでいく」とか、「他者が存在すること、これが地獄である」とか述べているけれども、ヤスパースとマルセルにおける「交わり」の色彩は、もっとあかるい。

他者との交わりから自分を見る

マルセルは『他者の心』という戯曲を書いており、その女主人公ローズは、「ただ一つの苦しみしかありません、それはたった一人でいることなの」と嘆いている。この嘆きがマルセルの思想の主要なテーマの一つであると、マルセル自身も述べている。

人間は、一人だけで生活することはできないし、他者を必要としており、心を通い合わせることをできるのは人間だけの特権である。人間だけが、他者と、いろいろな考えや感情を交換することができる。

人間は、他者を愛し、他者のなかに自己を失うことによって、自己の存在の充実と人生の完成をなし遂げることができる。

前に述べたとおり、マルセルにとっては、「出会い」というのは、道の上とか地下鉄の中で肉体と肉体とが接触するというふうなことではなくて、相手とともにそこにいること、「彼」とともにいることである。ともにいることは、私たちを互いに現存させる自由な行為であって、出会いというのは共現存なのである。

マルセルによれば、他者の実存との交わりにおいてだけ、互いに実存となることができるのであって、人間がお互いに主体性をもった人格的な出会いの枠内でだけ、実存の主体的な生命が生きてくる。

この人格的な深さに応じて、「われわれ」という存在への共同参与が充実していく。個体の制限を実存が乗り越えることができるのは、この共同参与による共存在的力があらわれることによるのであって、この事実を証明するものが愛である。愛は「わたし」と「あなた」とを一つの存在へととけこませるとともに、二人をいっそう深く実存的にそれぞれ個性化し人格化する。

つまり、人間は一人で実存に達するのではなく「他人（『あなた』）に対して他人に関係して存在するものとして自分をとり扱うばあいにだけ実存する」（『存在と所有』一五一頁）のである。ハイデッガーも「われわれが実存するにいたるのは自分自身において、自分自身によってではなく、他者に関連して、他者に関してなのである」と述べている。

また、ドイツの哲学者クーンは、こう書いた。

「人間はその自己生成のためには、自分自身を他者の目で見る経験を必要とする。自己を発見し、自己自身に対して自己を解放し、自分のものと定められた彫像へと成長するためには、彼は敬虔な関心を持ちながら、自分に向けられた同伴者のまなざしを必要とし、さらに、途上にある自分を保持するためには、同伴者の配慮に満ちた探究のまなざしを必要とする。」（『存在との出会い――良心の形而上学のための省察』二〇二頁）

「出会い」が起きるときには、一人の人間という存在者が、別の人間という存在者に出会うのであって、各々の存在者は自分自身に出会うということができる。そして、他者に出会うことによって自分自身についての認識を得、他者について経験することによって自分自身を照らし出して、自分自身と出会うということができよう。

私が出会う人間に、自分の存在を結びつけるような場合、存在関係自身が問題になるときに、出会いはほんとうの意味をもってくるのである。

人間は自我中心的な生きかたをしているかぎりは自分が見えない。自我の殻が破れると、はじめて他人を受け容れることができ、それによって自分に出会い、ほんとうの自分を知ることで大きなショックを受けて成長することができる。

なんだか難しい理くつのようにみえるかもしれないが、恋愛の場合を考えてみればわかりやすいだろう。恋人に自分が受け容れられるだろうかと悩むときに、青年は初めて自分の性格や容貌や能力その他を見まわし、己の無力さに気づくかもしれない。それまでは天下の秀才と自認していた男も、いまやこの程度で彼女に好いてもらえるかどうかと自信を失うかもしれない。他人に出会い、他人を愛するとき、自我の殻が破れて、自分に出会うことになる。これは恋愛心理のプロセスであるが、恋愛だけでなく、出会いのプロセスそのものにほかならない。

英国の作家ヘンリー・ジェイムズの孫であるクライブ・ジェイムズが『すばらしい人間たち』でこう述べている。「人は他人を見ると、そこに自分が映っているのに気づくが、自分自身を見るとなにもわからない。」

「つまり、鏡に映った自分を眺めていても、なにもわからないのだ。ニーチェも「百の鏡の間で／お前は自分で自分がわからなくなる」とうたっているとおりであり、自分を知るためにはどうしても他人が必要なのである。

出会いとは、結局のところ他者を介しての自分自身との出会いなのである。

つまり、出会いとは、自分自身に向かって自己を容赦なくさらけ出すことによって、自分自身に出会うことである。自己内面の旅への乗車きっぷ——それが「出会い」なのである。

母親の怒った顔に出会うとき、赤ちゃんは自分がなにか悪いことをしたのだな、自分は悪い子なのだ、と悟る。それと同じように、衝撃的な出会いであろうと、持続的にゆるやかな影響を与えられる出会いであろうと、出会いに映し出された自己を見て、人は自己の本質を知るのだ、と言うことができよう。出会いによる自己の内面的変革で露出してきた、それまでは隠されていた自分自身というものに正面から対面して生きていくとき、その人は自分の人生を真に生きるのだと言えよう。「すべて真の生とは出会いである」(『我と汝』岩波文庫版、一九頁)というブーバーの短い言葉もここで初めてわかるような気がしてくる。

物質文明だけが発達した世界の中で、私たちは人間らしさを失い、ともすれば一つの労働ロボットのように、あるいは享楽人形のように生きがちであるけれども、すばらしい「出会い」による自己内面との対決を通して、自分の人生を考えなおし、本来の人間らしい生きかたを回復すべきではなかろうか。

主要参考文献（著者名イニシアルは書誌の表記そのままとした）

A・アウグスティヌス著、服部英次郎訳『告白』（岩波文庫）岩波書店、上巻三二八頁、下巻三〇二頁、一九七六
相良惟一「み旨のままに——キリスト者にとっての出会いと別れ」（『世紀』一九七九年六月号、二八〜三五頁）
明石佳洸「死をなかだちとして」（『世紀』一九七九年六月号、五三〜六一頁）
秋山さと子『悟りの分析——ユング心理学との接点』（叢書プシケ）朝日出版社、二三五頁、一九八〇
芦田伸介「私の、チェーホフへの道」（『PHP』一九七八年八月号、三〇〜三三頁）
クリフォード・アレン著、小林司訳『異常心理の発見』（角川選書38）角川書店、三六九頁、一九八三
フレデリック・アレン著、黒丸正四郎訳『問題児の心理療法』みすず書房、三〇七頁、一九五五
石川元編「鏡と人間の心理」（『現代のエスプリ』一五五号、至文堂、二〇四頁、一九八〇）
石福恒雄「精神療法における実存の問題—精神分析の発展のあとをたどって—」（『実存主義』第四五号、一八〜三〇頁、一九六八）
池田大作「老婦人の笑顔のなかに」（『PHP』一九七八年八月号、四二〜四四頁）
池田理代子「二人の先生」（『PHP』一九七八年八月号、二七〜二九頁）
磯見昭太郎「現実への旅」（『世紀』一九八二年二月号、四〇〜四八頁）
磯見昭太郎「『出会い』について」（『世紀』一九七九年六月号、一一〜一九頁）
井上靖『わが一期一会』毎日新聞社、二四一頁、一九八二
今泉ヒナ子「神の国の独身者における交わり」（『世紀』一九七九年六月号、三六〜四四頁）
岩井寛『歪められた鏡像——日本人の対人恐怖』（叢書プシケ）朝日出版社、二四〇頁、一九八二
J・H・ヴァン・デン・ベルク著、早坂泰次郎訳『引き裂かれた人間　引き裂く社会』勁草書房、二八五頁、一九八〇
ゲルハルト・ヴェール著、児島洋訳『ブーバー』（ロ・ロ・ロ・モノグラフィー叢書）理想社、一六七頁、

一九七二
上田宣子『異国体験と日本人――比較文化精神医学から』創文社、二三二頁、一九八二
リチャード・エヴァンス著、犬田充訳『現代心理学入門』下巻（講談社学術文庫）講談社、四八二頁、一九八三
大江健三郎「文学による回復」（『図書』一九七七年九月号、岩波書店、一九〜三一頁）
大江健三郎「文学への自己教育として」（『図書』一九七七年五月号、岩波書店、七〜一〇頁）
大島義夫「日本に輝いた三つの星」（『サミデアーノ』一九五二年第一一号、二〜五頁）
荻野恒一『現存在分析』（紀伊国屋新書）紀伊國屋書店、二〇二頁、一九六九
荻野恒一『〝文化摩擦〟と精神病理』新曜社、二四九頁、一九八一
荻野恒一・星野命編『カルチュア・ショックと日本人――異文化対応の時代を生きる』（有斐閣選書）有斐閣二五一頁、一九八三
小此木啓吾『『私』との対面――精神分析的出会い論』日本教文社、二三〇頁、一九六九
小此木啓吾『自我と社会の出会い――精神分析的考察』日本教文社、二八五頁、一九七二
小此木啓吾『対象喪失――悲しむということ』（中公新書）中央公論社、二二七頁、一九七九
大段智亮『人間関係――看護・福祉・教育の探究』川島書店、二八〇頁、一九七八
小原信『孤独と連帯』（中公新書）中央公論社、二三三頁、一九七二
小原信『われとわれわれ』（中公新書）中央公論社、二九四頁、一九七四
オルテガ著、アンセルモ・マタイス、佐々木孝訳『個人と社会――〝人と人びと〟について』（オルテガ著作集5）白水社、三四九頁、一九六九
梶田叡一「自己と他者」（講座現代の心理学7『個人・集団・社会』）小学館、五一〜一二〇頁、一九八二
門脇佳吉「召し出し――それはめぐりあい」（『世紀』一九八二年二月号、五九〜六七頁）
上総英郎「教育における別れの重要性」（『世紀』一九八二年七月号、五一〜六〇頁）
亀井勝一郎『我が精神の遍歴』（角川文庫）角川書店、二六六頁、一九八一（初版一九五四）

H・ガントリップ著、小此木啓吾・柏瀬宏隆訳『対象関係論の展開』誠信書房、三二一頁、一九八一
O・カンバーグ著、前田重治監訳『対象関係論とその臨床』岩崎学術出版社、二七三頁、一九八三
菊地多嘉子「死の影といのちの光」(『世紀』一九八二年七月号、四～一三頁)
紀野一義『現代に生きる仏教2　仏との出会い』(角川文庫)角川書店、三五〇頁、一九八一
木村敏『人と人との間――精神病理学的日本論』弘文堂、二三八頁、一九七二
木村敏『自分ということ』(レグルス文庫)第三文明社、一九九頁、一九八三
草薙正夫『ヤスパース』(世界思想家全書)牧書店、一九二頁、一九六五
熊倉徹雄『鏡の中の自己』海鳴社、九五頁、一九八三
黒井千次「山頂と街角」(『PHP』一九七八年八月号、四五～四八頁)
ヘルムート・クーン著、吉沢伝三郎訳『虚無との出会い』以文社、二三七頁、一九七一
ヘルムート・クーン著、斉藤博・玉井治訳『存在との出会い――良心の形而上学のための省察』東海大学出版会、三三〇頁、一九七八
小泉喜美子「ただ一つの出会い、そして……」(『PHP』一九八一年六月増刊号、六三～七二頁)
国分康孝『エンカウンター――心とこころのふれあい』誠信書房、二七二頁、一九八二(初版一九八一)
児島洋『実存と他者――現代人間学研究』勁草書房、二八六頁、一九六八
児島洋「ブーバー」(『実存主義講座第二巻　時代批判』理想社、二五一～二六九頁、一九六八)
越前喜六「別れの断想」(『世紀』一九八二年七月号、一四～二三頁)
小林登「医学の対象となった心の絆」(『JAMA』日本語版一九八三年一月号、一六二頁)
小林司編『新精神薬理学』医学書院、六六七頁、一九六八
小林司『精神医療と現代』日本放送出版協会、二三四頁、一九七二
小林司「精神医学および精神医療の歴史」(新福尚武・島薗安雄編『精神医学書』上巻、金原出版、一～二〇頁、一九八〇)
小林政吉『ブーバー研究――思想の成立過程と情熱』創文社、四五五頁、一九七八

小堀杏奴「別離」(『世紀』一九八二年七月号、六九〜八〇頁)
フランク・ゴーブル著、小田忠彦監訳『マズローの心理学』産業能率短期大学出版部、三一五頁、一九七二
小見山実「現象学的・人間学的研究」(『現代精神医学大系第十巻B』中山書店、二五五〜二九一頁、一九七八)
小森和子「ひとり楽しむ」(『婦人公論』一九八三年七月号、八一〜八二頁)
阪本健二『人間関係の病――分裂病論』弘文堂、二四四頁、一九七九
佐古純一郎「マルティン・ブーバー先生との出会い」(『ブーバー著作集』第四巻付録月報Ⅶ、一〜四頁、一九六九)
佐古純一郎「人と神との出会い」(『世紀』一九八二年二月号、四〜一二頁)
佐治守夫・飯島喜一郎編『ロジャーズ　クライエント中心療法』(有斐閣新書　有斐閣、二〇八頁、一九八三
ハンス・ザーナー著、重田英世訳『ヤスパース』理想社、二二四頁、一九七三
沢野久雄「孤独では生きられない」(『PHP』一九八一年六月増刊号、一〇五〜一一五頁)
マーティン・シェパード、マジョリー・リー著、石川弘義訳『裸の十六時間』リーダーズ・ダイジェスト社、三九五頁、一九七三
重田英世『ヤスパース』(人類の知的遺産71)講談社、三八五頁、一九八二
鎮目光雄「自己との別れ」(『世紀』一九七九年六月号、四五〜五二頁)
鎮目光雄「めぐりあい」(『世紀』一九八二年二月号、四九〜五八頁)
島崎敏樹『孤独の世界』(中公新書)中央公論社、一七二頁、一九六〇
清水範子「別れ　別れ　別れ」(『世紀』一九八二年七月号、二三〜三一頁)
霜山徳爾「カウンセリングと人間学派」(中野良顕編『カウンセリングの展望』誠信書房、一四七〜一六二頁、一九六五〔『現代のエスプリ』一〇六号(「治療の心理学」至文堂、八五〜九九頁)に再録〕
霜山徳爾『人間性の心理学』(NHK大学講座、一九七八年四〜九月)日本放送出版協会、一三三頁、一

九七八
シュリーマン著、村田数之亮訳『古代への情熱——シュリーマン自伝』（岩波文庫）岩波書店、一八四頁、一九七四（初版一九五四）
R・シロカ、E・シロカ、G・シュロッス編、伊東博・中野良顕訳『グループ・エンカウンター入門』誠信書房、三三九頁、一九七六
H・スィーガル著、岩崎徹也訳『メラニー・クライン入門』岩崎学術出版社、二五五頁、一九七七
G・スタイナー著、生松敬三訳『ハイデッガー』（岩波現代選書）岩波書店、二三八頁、一九八〇
H・M・スタンレー著、村上光彦・三輪秀彦訳『リヴィングストン発見記』（世界ノンフィクション全集6）筑摩書房、一八三〜三二八頁、一九六〇
アンソニー・ストー著、山口泰司訳『精神療法と人間関係』理想社、二六五頁、一九八二
関計夫『感受性訓練——人間関係改善の基礎』誠信書房、二八五頁、一九六五
関計夫『続感受性訓練』誠信書房、二八二頁、一九七六
高田好胤『出会いと別れ——この人々の生き方を見よ』徳間書店、二五七頁、一九七八
高橋健二『さまざまの出会い』土耳社、三〇九頁、一九七六
高峰秀子「二人の照明技師」（『PHP』一九七六年一二月号、八三〜八五頁）
竹内義範『親鸞と現代』（中公新書）中央公論社、二〇八頁、一九七四
竹下敬次・広瀬京一郎『マルセルの哲学——愛と知恵の哲学』（アテネ新書）弘文堂、二〇五頁、一九五九
岳野慶作、H・ヴァン・ストレーレン共著『ガブリエル・マルセル——現代最高の実存哲学者』丸善、二六二頁、一九五七〔のち『マルセル哲学の人間像』と改題、中央出版社、二九七頁、一九六六〕
田中三一子「いのちの輝きのなかに」（『世紀』一九七九年六月号、四〜一〇頁）
谷口龍男『出会いの哲学』北樹出版、二一二頁、一九七九（初版一九七八）
谷口龍男『「われとなんじ」の哲学——マルティン・ブーバー論』北樹出版、一八六頁、一九八〇
辻邦生『トーマス・マン』（20世紀思想家文庫1）岩波書店、二九〇頁、一九八三

『親鸞のこころ――人間像と思想の核心』（有斐閣新書）有斐閣、二一四頁、一九八三
J・デルレガ、A・L・チェイキン著、福島武人監訳、榎本博明訳『ふれあいの心理学――孤独からの脱出』（有斐閣選書R）有斐閣、二五二頁、一九八三
テレンバッハ著、宮本忠雄・上田宣子訳『味と雰囲気』みすず書房、二二一頁、一九八〇
ヴァン・デン・ベルク、早坂泰次郎著『現象学への招待――〝見ること〟をめぐる断章』川島書店、二四〇頁、一九八二
戸川敬一「回想スケッチ」（『世紀』一九八二年二月号、二二～三〇頁）
ハンス・トリューブ著、宮本忠雄訳『出会いによる精神療法』牧書店、二〇一頁、一九六五
中村陽吉『対人場面の心理』（UP選書）東京大学出版会、二六二頁、一九八三
西田幾多郎『私と汝』（西田幾多郎全集第六巻）岩波書店、三四一頁、一九六五
縫田清二「ブーバー先生との出会い」（ブーバー著作集第一巻付録月報I、一～四頁、一九六七）
野口篤太郎「シルクロード――わが出逢いの旅」（『PHP』一九八一年六月増刊号、二八～五一頁）
新田義弘「間主観性の現象学」（『現代精神医学大系』二五巻、中山書店、二四一～二四八頁、一九八一）
ハイデッガー著、原佑・渡辺二郎訳『存在と時間』（世界の名著62）中央公論社、六八六頁、一九七一
長谷川昌子「別れ――キリストの日に向かって」（『世紀』一九八二年七月号、四一～五〇頁）
服部英次郎・藤本雄三『アウグスティヌス〝告白〟』（有斐閣新書）有斐閣、二四一頁、一九八〇
早坂泰次郎『人間関係のトレーニング――新しい自他を発見し信頼関係を築く』講談社、二三〇頁、一九七八
早坂泰次郎『人間関係の心理学』（現代新書）講談社、二〇六頁、一九七九
原田房江「偶然のいたずら」（『PHP』一九八一年六月増刊号、一八～二三頁）
ビンスワンガー著、荻野恒一訳『夢と実存』（みすず・ぶっくす）みすず書房、一九八頁、一九六〇
H・F・ハーロウ著、浜田寿美男訳『愛のなりたち』ミネルヴァ書房、二四〇頁、一九八一（初版一九七八）

ウィリアム・バレット著、島津彬郎訳『実存主義とは何か』サイマル出版会、二一七頁、一九七五
東由多加「目を凝らし、耳を澄まし」(『PHP』一九七八年八月号、三八〜四一頁)
東陽一「隅っこの人」(『PHP』一九八一年六月増刊号、五〜一一頁)
広瀬京一郎『サルトルとマルセル』(塙新書)塙書房、一七〇頁、一九七〇
福川正三「不思議な導き」(『世紀』一九八二年二月号、一三〜二一頁)
ビンスワンガー著、新海安彦・宮本忠雄・木村敏訳『精神分裂病』I・II、みすず書房(I三一〇頁、一九六〇、II四九八頁、一九六一)
ブーバー著、児島洋訳『出会い』理想社、一一六頁、一九六六
ブーバー著、野口啓祐訳『対話の倫理』創文社、二八六頁、一九六八(初版一九六七)
マルティン・ブーバー著、田口義弘『対話的原理I　我と汝・対話』(ブーバー著作集1)みすず書房、二八三頁、一九六七
ブーバー著、野口啓祐訳『孤独と愛――我と汝の問題』創文社、二〇一頁、一九六八(初版一九五八)
マルティン・ブーバー著、植田重雄訳『我と汝・対話』(岩波文庫)岩波書店、二七四頁、一九七九
フランクル著、霜山徳爾訳『夜と霧』みすず書房、二一〇頁、一九五六
フランクル著、高島博・長沢順治訳『現代人の病――心理療法と実存哲学』丸善、三〇三頁、一九七二
ロバート・ブレイン著、木村洋二訳『友人たち／恋人たち――友愛の比較人類学』みすず書房、三二五頁、一九八三
フロイト「悲哀とメランコリー」(『フロイド選集』第10巻)日本教文社、一二三〜一四六頁、一九五五
エーリッヒ・フロム著、日高六郎訳『自由からの逃走』(現代社会科学叢書)東京創元新社、三三七頁、一九五一
E・フロム著、谷口隆之助・早坂泰次郎訳『人間における自由』東京創元社、三〇〇頁、一九五五
ベルジャーエフ著、氷上英廣訳『孤独と愛と社会』(ベルジャーエフ著作集4)白水社、二八九頁、一九六〇

ボーヴォワール著、朝吹登美子訳『娘時代』紀伊國屋書店、三四二頁、一九六三
ボーヴォワール著、青柳瑞穂訳『人間について』(新潮文庫)新潮社、一四七頁、一九五五
J・ボウルビイ著、黒田実郎・大羽泰・岡田洋子訳『母子関係の理論Ⅰ　愛着行動』岩崎学術出版社、四七九頁、一九七五
J・ボウルビイ著、黒田実郎・岡田洋子・吉田恒子訳『母子関係の理論Ⅱ　分離不安』岩崎学術出版社、四八〇頁、一九七七
J・ボウルビイ著、黒田実郎・吉田恒子・横浜恵美子訳『母子関係の理論Ⅲ　愛情喪失』岩崎学術出版社、五三八頁、一九八一
J・ボウルビイ著、作田勉監訳『ボウルビイ　母子関係入門』星和書店、二四三頁、一九八一
メダルト・ボス著、村上仁・吉田和夫訳『性的倒錯――恋愛の精神病理学』みすず書房、一八二頁、一九五七
メダルト・ボス著、笠原嘉・三好郁男訳『精神分析と現存在分析論』みすず書房、二一二頁、一九六二
O・H・マウラー著、上里一郎訳『疎外と実存的対話』誠信書房、四一五頁、一九六九
堀田善衛『方丈記私記』(新潮文庫)新潮社、二三九頁、一九七九(初版一九七六)
C・マセック著、岩田力訳「心と罹患率について――ストレスと深い悲しみは免疫能を抑制するか」(『JAMA』日本語版、一九八三年五月号、二〇～二四頁)
松原泰道『一期一会』総合労働研究所、二四六頁、一九八〇
ガブリエル・マルセル著、伊吹武彦他訳『神の死と人間』中央公論社、二四四頁、一九六八
ガブリエル・マルセル著、竹下敬次・伊藤晃訳『拒絶から祈願へ』(マルセル著作集3)春秋社、二七八頁、一九六八
ガブリエル・マルセル著、山崎庸一郎・白井健三郎訳『旅する人間』(マルセル著作集4)春秋社、三七四頁、一九六八
ガブリエル・マルセル著、松浪信三郎・掛下栄一郎訳『存在の神秘』(マルセル著作集5)春秋社、四二

二頁、一九七七
三木清『哲学と人生』（講談社文庫）講談社、五四七頁、一九七二
三保元「出会い」（『世紀』一九八二年二月号、六八〜七七頁）
宮崎康平「母と子」（『PHP』一九七六年一二月号、八六〜八八頁）
宮本忠雄「現存在分析」（内村祐之他編『精神医学最近の進歩 第二集』医歯薬出版、一七〜三一頁、一九六〇）
宮本忠雄・関忠盛「人間学的現象学」（『現代精神医学大系』一巻 B―a）中山書店、四三〜一四八頁、一九八一）
ミンコフスキー著、村上仁訳『精神分裂病――分裂性性格者及び精神分裂病者の精神病理学』みすず書房、二七七頁、一九五四
E・ミンコフスキー著、中江育生・清水誠訳『生きられる時間――現象学的・精神病理学的研究1』みすず書房、二四九頁、一九七二
E・ミンコフスキー著、中江育生・清水誠・大橋博司訳『生きられる時間――現象学的・精神病理学的研究2』みすず書房、三二九頁、一九七三
村山正治編『エンカウンター・グループ』（講座心理療法7）福村出版、二〇二頁、一九七七
ロロ・メイ著、小野泰博訳『失われし自我をもとめて』誠信書房、三三五頁、一九七〇
ロロ・メイ、E・エンジェル、H・F・エレンバーガー編、伊藤博・浅野満・古屋健治訳『実存――心理学と精神医学の新しい視点』岩崎学術出版社、三三一頁、一九七七
S・J・メルソン、E・K・リニアスン「肉親との死別から来る精神障害」（『日経メディカル』一九八三年一月号、一四六〜一四九頁）
本くに子「東京の旅」（『PHP』一九八一年六月増刊号、一二〜一七頁）
森一弘「別れを超越する出会い――出会いの霊性」（『世紀』一九七九年六月号、二〇〜二七頁）
森崎和江「米味噌・麦味噌」（『PHP』一九七六年一二月号、八〇〜八二頁）

森田清『出会いとカウンセリング』黎明書房、二九〇頁、一九七三
森村桂「死に向かって生きる」(『PHP』一九七八年八月号、三四〜三八頁)
矢島祥子「出会いと別れの重さ」(『世紀』一九八二年七月号、三二〜四〇頁)
ヤスパース著、重田英世訳『哲学的自伝』理想社、二三三頁、一九六五
ヤスパース著、藤田赤二訳『精神療法』理想社、一八〇頁、一九六六
ヤスパース著、草薙正夫訳『理性と実存』理想社、二二〇頁、一九七二
やなせたかし「人生至上の幸福は?」(『PHP』一九七六年一二月号、七七〜七九頁)
山谷えり子「友達手帖」(『PHP』一九八一年六月増刊号、二四〜二七頁)
山崎庸祐『ニーチェ』(人類の知的遺産54)講談社、四四三頁、一九七八
山下秀智「「交わり」概念への一視点」(『理想』一九八一年四月号、六四〜七一頁)
山室宗忠「めぐりあい」(『世紀』一九八二年二月号、三一〜三九頁)
由来康『出会いから出会いへ——ある牧師の自画像』教文館、一五五頁、一九七六
陽浅泰雄「道元・親鸞における日本的・実存的なもの」(実存主義講座第一巻『実存思想の歴史』)理想社、三〇九〜三二七頁、一九六八
依田明「「出逢い型人間」になるために」(『PHP』一九八一年六月増刊号、九三〜一〇四頁)
米山俊直『日本人の仲間意識』(現代新書)講談社、一九七頁、一九七六
マイケル・ラター著、北見芳雄・佐藤紀子・辻祥子訳『母親剝奪理論の功罪——マターナル・デプリベーションの再検討』誠信書房、二四二頁、一九七九
李禹煥『出会いを求めて——新しい芸術のはじまりに』田畑書店、二五一頁、一九七七(初版一九七一)
リースマン著、加藤秀俊訳『孤独な群衆』みすず書房、三〇八頁、一九六四(新版一九六一)
R・D・レイン著、志貴春彦・笠原嘉訳『自己と他者』みすず書房、二三六頁、一九七五
カール・ロジャーズ著、村山正治訳編『ロジャーズ全集』第一二巻「人間論」岩崎学術出版、四八七頁、一九六七

カール・ロジャーズ著、畠瀬稔・畠瀬直子訳『エンカウンター・グループ——人間信頼の原点を求めて』ダイヤモンド社、二六四頁、一九七三〔創元社より再刊されている〕

カール・ロジャーズ著、平木典子訳・藤谷平三台詞『出会いへの道——あるエンカウンター・グループの記録』日本精神技術研究所、三四頁、一九七七

カール・ロジャーズ著、畠瀬稔・畠瀬直子訳『人間の潜在力——個人尊重のアプローチ』創元社、三八四頁、一九八〇

ローマス著、鈴木二郎訳『愛と真実——現象学的精神療法への道』法政大学出版局、二〇八頁、一九八〇

若井勲夫「我と汝としての言葉」（論集『日本文学・日本語』5現代）角川書店、一一〇～一二一頁、一九七八

若佐孝夫「ある別れ——『女の一生』一部キクの場合」（『世紀』一九八二年七月号、六〇～六八頁）

Argyle M. (ed.): Social Encounters —— Readings in Social Interaction. (Penguin Education, Penguin Modern Psychology Readings) Penguin Books (Harmondsworth) p.416, 1973

Axline, V.: Dibs ; In Search of Self. (Pelican Books) p. 198, 1975 (first ed. 1964)

Berger, P. L., Berger, B. and Kelner, H.: The Homeless Mind. (Pelican Books) Penguin Books (Harmondsworth) p.232, 1974

Bernard, J. : The Future of Marriage (Pelican Books) Penguin Books (Harmondsworth) p.384, 1976 (first ed. 1972)

Beyer, W.: Der Begriff der Begegnung in der Psychiatrie. Nervenarzt **26** : pp.369–376, 1955

Bowlby, J.: Separation ; Anxiety and Anger (Attachment and Loss, Vol. 2) (Penguin Education) Penguin Books (Harmondsworth) p.504, 1978 (first ed. 1973)

Bowlby, J.: Attachment (Attachment and Loss Vol. 1) (Penguin Education) Penguin Books (Harmondsworth) p.478, 1978

Bowlby, J.: Loss ; Sadness and Depression (Attachment and Loss, Vol. 3) (Penguin Education) Penguin Books (Harmondsworth) p.472, 1980

Fontana, V. J.: Child maltreatment and battered child syndromes. *In* Kaplan. pp.2734–2744

Frankl, V. E: The Will to Meaning, New American Library. (New York) p.130, 1969

Kaplan, H. I, Freedman, A. M. and Sadock, B. J. (ed.): Comprehensive Textbook of Psychiatry. (third ed.) 3 vol., Williams & Wilkins (Baltimore) p.3474, 1980

Kolb, L. C. and Brodie, H. K. H.: Modern Clinical Psychiatry. (third ed.) Saunders (Philadelphia) p.778, 1982

Krantzler, M.: Creative Divorce. (Signet Book) New American Library (New York) p. 240, 1974 (first ed. 1973)

Machado, M. A.: Existential encounter in Gabriel Marcel. Its value in psychotherapy. Rev. exist. Psychol. Psychiat. **1**(1): 53–62, 1961

Moreno, J. L.: Concept of the encounter, J. existential Psychiatry **1**(1): 144–154, 1960

Moustakas, C. E.: Confrontation and encounter. J. existential Psychiatry **2**(7): 263–290, 1962

Parkes, C. M.: Bereavement; Studies of Grief in Adult Life. (Pelican Books) Penguin Books (Harmondsworth) p.267, 1975 (first ed. 1972)

Rachman, S.: The Meaning of Fear. (Penguin Modern Psychology) Penguin Books (Harmondsworth) p.119, 1974

Rutter, M.: Maternal Deprivation Reassessed. (Penguin Modern Psychology) Penguin Books (Harmondsworth) p.167, 1973 (first ed. 1972)

Stierlin, H.: Some comments on the relevance for psychotherapy of the work of Gabriel Marcel. Rev. exist. Psychol. Psychiat. **2**(2): 145–148, 1962

Winn, D.: The Whole Mind Book. (Fontana Paperbacks) Julian Friedman (London) p.300, 1980

あとがき

日本では「出会い」というと、多少ともロマンスを期待した恋人発見を連想したり、逆に修養的な固苦しい色彩を帯びた哲学的なものを考えたりするきらいがある。「出会い」にあたる英語で「エンカウンター」といえば、この国ではもっぱら「エンカウンター・グループ（本書第Ⅶ章）」を指すらしい。

しかし、ほんとうのところは、「出会い」はもっと広い意味に使われても当然な単語である。「出会い」という月刊誌が発行されていたり、日常会話にもこの単語がしばしば顔を出すほどに、「出会い」が一般化しているにもかかわらず、このことばのもつ意味がまともに総合的に検討されたことはこれまで日本でも外国でもほとんどなかったように思う。

イスラエルの哲学者マルティン・ブーバーは『我と汝』という難しい本で出会いの哲学を説いたが、それ以外にも出会いについての考えかたがいろいろあってよいのではないか。

たとえば、外国へ行った留学生や海外勤務の駐在員がノイローゼになると、留学生精神病とか海外不適応とか、文化摩擦によるカルチャー・ショックだとか、いろいろな名をつけられているが、一種の出会いがもたらした悪影響と考えられないだろうか。その他の精神病の原因や治療についても「出会い」という観点から再検討してみる余地がありそうだ。

母親と子どもは、偶然から選びとったものではなくて宿命的な関係であるが、これもある種の出会いと考えられないだろうか。

「出会い」を辞書で調べてみても、「偶然に出くわす」といった意味しか書いていないけれども、「心と心のふれ合いによる内面の変革」という意味までを含めて使われる「精神的出会い」の場合に用いられるほうが現代ではむしろ多いようだ。

「出会い」というなにかえたいのしれないものに、いろいろな関連方面からスポット・ライトをあて、シルエットを浮かび上がらせることによってその全体像をつかみたいと思って書いたのが本書である。

カール・ロジャーズはエヴァンスとの対談の中（『現代心理学入門』八五頁）で「エンカウンター・グループは今世紀のいちばん重要な社会的発明の一つです。というのは、これは疎外と孤独をなくす方法であり、お互いのコミュニケーションをよりよくさせる方法であり、みずからを生き生きと洞察する助けとなるものであり、他人の目にどう映っているかを知るために他人からのフィードバックを得る助けになっているからです。……」と述べている。人工的に出会いをおこさせて自分を知るよすがにするのだ。

ある環境の中で人間というものは、自分をどのような存在だと考えているのかは、はなはだ興味深い問題である。たとえば思春期食欲不振症の患者は、体重が三十五キロくらいに減ってひどくやせていても、自分がやせたとは思えないものらしい。出会いは、ある意味では、自分をうつし出す鏡だとも言えるのではないか。「おのれ自身を知れ」というデルフォイの神殿の金言を実践しようと努めてきた人間は、二十世紀も後半になってやっと出会いという道具を手に入れたともいえよう。

他方、「心理学における最大の進歩は、おそらく、ビンスワンガー、ミンコフスキー、メダルト

・ボスたちによって『実存心理学』がつくられたことだ」と、コリン・ウィルソンが『アウトサイダーを超えて』（二五三頁）に書いており、私もその通りだと思う。

しかし、エンカウンター・グループとか実存心理学が最大の発明だとか最大の進歩だとか言われているわりには知られていないのもまた動かしがたい事実である。コンピューターや人工衛星など物質面の進歩だけに注目して、心の問題についての進歩には無知のままというのはどう考えても片手落ちであろう。

エンカウンター・グループや実存心理学において核心的問題になっており、しかも人間の生きかたや生き甲斐に大きな影響を与える「出会い」については、哲学的専門書や心理学的アプローチは二、三あるものの、これを広い視野から全般的にとらえてわかりやすく書いた本は上に述べたとおり、どこにもまだないので、日本放送出版協会の大古場哲夫さんにすすめられてこの本を書くことにした。

けれども、文献を集めたり読んだりしているうちに十年ばかりの月日がたってしまい、担当が辻一三さんに変わった。したがって、具体案を検討したり助言を貰ったりの実際面では辻さんにずいぶん力をかしていただいた。制作過程では辻裕子さんにたいへんお世話になった。この三人の方に厚くお礼を申し上げたい。さらに、この十年のあいだに私は上智大学のカウンセリング研究所に招かれてカウンセリングについて考えるようになり、所長の小林純一教授から実存的カウンセリングについて多くの影響を受けたことを感謝している。

私は「出会い」についての専門家ではないし、一般むけの本であるから、書き足らない点もあると思うが、読者のご意見やお教えをいただいてしだいに良い本に育てていきたいと考えている。「出会い」をキー・ワードとしてこれからも人生を見なおしてみたい。

なお、ブーバーの哲学は、ふつう「我と汝」と訳されているが、この本では「わたし」と「あなた」という訳語に統一した。実存哲学の用語もできるだけ難しい単語を使わないように心がけた。

本書にあげた現代の日本人の実例の多くは朝日新聞に連載された「一冊の本」と「私の転機」から引用させていただいたこと、巻末に記した各参考文献に教えられる点が多かったことを記して引用を許された各著者のかたがたに感謝を表わしたい。写真転載を許してくださったかたたちにも感謝している。

なお、参考文献を探す際に、青山学院女子短期大学図書館の皆様、エネルギー・レビュー・センターの三宅一郎さん、上智大学三木図書館のクルンバッハ・ピーター神父さん、米国モルガンタウン医学センターでカウンセリングを研究中の大谷彰さんに助言をいただいたことについてもお礼を申し上げたい。

一九八三年十月

小林　司

小林　司（こばやし・つかさ）

1929年　青森県弘前市に生まれる
1959年　東京大学大学院博士課程修了，医博
1959～1962年　フルブライト研究員として滞米
1981～1991年　上智大学カウンセリング研究所教授
現　在　メンタル・ヘルス国際情報センター所長，作家
専　攻　精神医学・精神薬理学
著　書　『新精神薬理学』（編）（医学書院）
『精神医療と現代』（日本放送出版協会）
『頭の栄養学』（光文社）
『精神医学図書総覧』（岩崎学術出版）
『サラリーマンの心の病』（日本労働協会）
『異常心理の発見』（訳）（角川書店）
『ガス燈に浮かぶシャーロック・ホームズ』（共）（立風書房）
『世界をひとつの言葉で』（国土社）
『脳を育てる　脳を守る』（日本放送出版協会）
『「生きがい」とは何か』（日本放送出版協会）ほか多数

NHK ブックス 449

出会いについて　精神科医のノートから

1983年11月20日　第1刷発行
1993年9月10日　第19刷発行

〈検印廃止〉　著　者　小　林　司
発　行　日本放送出版協会
東京都渋谷区宇田川町41－1
郵便番号 150　振替東京 1-49701
印刷　㈱太平印刷社
製本　田中製本
装幀　栃折　久美子

落丁本・乱丁本はお取替いたします。
定価はカバーに表示してあります。
ISBN 4-14-001449-0 C 1347